先生のための

Positive Language Notebook

ポジティブことば手帖

金子真弓

東洋館出版社

はじめに

本書をお手にとっていただき、ありがとうございます。

日々、子どもたちと向き合い、教室で一日七時間ほどの時間を子どもたちとともに過ごしている先生方、「ここは指導するべきところかな？」「声をかけようか」「スルーしようか」「叱った方がよいのかな」「個別に呼んでじっくり話を聞くべきだろうか」「どんな話をしたら伝わるのかな」……などと、日々の言葉選びに悩まれたことはありませんか。

本書は、瞬時に判断を求められることの多い教育現場で、言葉の引き出しを増やし、ポジティブな言葉を選ぶことにスポットをあてた一冊です。

言葉を三種類に分類し、言葉に迷うとき、言葉の選択を迫られるとき、多くのシーンで使っていただけるようにしました。

● **ことバリエ（ことば＋バリエーション）⬇言葉のバリエーションを増やしたいときに。**
● **こと化け（ことば＋化ける）⬇普段の言葉をちょっぴり前向きに変えたいときに。**
● **ことギフト（ことば＋ギフト）⬇子どもたちの心に言葉のギフトを届けたいときに。**

どうぞ、気になる頁から読み進めていただけたらと思います。

「先生のクラスの子どもたちは、可愛らしいですね」

私の学級の子どもたちがよく褒めていただく言葉です。にこにこしていて愛嬌があって、子どもらしくて可愛らしいと。

私が学級で伝えている言葉の一つに、「可愛がられる人になろう」という言葉があります。高学年には「可愛いなんて言われても、もううれしくない年頃だって分かっているよ」と前置きした上で、「可愛いというのは姿かたちや幼さのことではなく、可愛がりたくなるような愛嬌があるという意味なんだよ。いろいろな人に可愛がってもらうことは将来大人になってからも大切なことだよ」と伝えています。そうして私の学級の子どもたちは、毎年同じような雰囲気になります。伝え続けている言葉のように、こうあってほしいというイメージの方向に、きっと子どもたちは育つのだと思っています（大変おこがましいことではありますが）。

＊　＊

教師として、私が子どもたちに願うのは、「幸せな人生を歩んでほしい」ということです。目の前の子どもが、いつか大人になったときに、周りの人にたくさん可愛がってもらってどうか幸せでいてほしい。そして、もちろん、今現在も幸せであってほしいと願っています。

幸せな教室には、幸せな笑顔があふれています。

幸せな教室には、幸せな言葉があふれています。

温かい言葉に包まれて、どの子も幸せでいてほしいと、心から願っています。

そのために、先生方がまず幸せでいてほしい、教師の口から出る言葉が温かなものであってほしいと願っています。とは言え、そんなに日々褒めたりよい面に注目したりしてばかりはいられないというのも本音です。いろいろな日があります。楽しかった日、心ない言葉に傷付いて悲しかった日、たくさん笑った日、心ない言葉を言ってしまった日、子どもたちに元気をもらった日。「あんなに叱らなくてもよかったかな」と後悔したり、「もっとほかの言い方があったんじゃないか」と反省したり……いろいろな日があるのは当然のことです。

私も、いつもポジティブなわけではありません。落ち込まないわけではありません。一人になると、悪いことばかり思い出して悲しくなったり不安になったりします。

落ち込んでもよいのです（と思っています）。ポジティブというと明るいイメージばかりが先行しますが、時にネガティブになる自分も認めながら、意識的にポジティブな言葉を選びたいと思っています。ポジティブな言葉を使っている間に、ネガティブだった気持ちが上向きになり、いつの間にか元気になっていたりします。プライベートで嫌なことがあっても学校で明るくふるまっているうちに、なんとなく気持ちが晴れてくること、ありませんか。言葉って不思議です。フリでも明るい言葉を使っていると心まで明るくなることがあるのです（でも、ポジティブになれない自分もまた認めてあげてください。ポジティブは強要するものではありません）。

本書では、私が教室で使っている言葉をそのまま紹介しています。真面目な言葉もあります。ちょっぴりおふざけをしたようなくだけた表現もあります。

様々な角度から見つめていただき、子どもたちの実態や先生のキャラクターに合うものがあれば、言葉の引き出しに一つ忍ばせていただければ幸いです。

この言葉たちが、先生方にとって、前向きな言葉を選ぶ引き出しを増やす手助けとなるとともに、先生方の気持ちを前向きにするものとなりますように。そして、子どもたちの心に言葉を届けたいという先生方の思いを届ける言葉となりますように。

こと花《ばな》ちゃん
（言葉の妖精）


著者の好きな言葉「人は言葉を浴びて育つ」から派生した妖精。

温かい言葉のシャワーをたっぷりと浴びて、「こと葉」がすくすくと育ち、花が咲きました。

こうして生まれたのが「こと花《ばな》」です。

こと花ちゃんは、ポケットからいろいろな言葉を出してくれます。こと花ちゃんと一緒に、ポジティブことばを紹介していきます。

もくじ

実践編　ポジティブことば②　こと化け

実践編 ポジティブことば3 ことギフト

理論編

先生のための
ポジティブ
ことば

1 子どもを育てる「ことば」

●毎日の「ことば」

木は光を浴びて育つ　人は言葉を浴びて育つ。

（荒瀬克己『奇跡と呼ばれた学校』より）


私の大好きな言葉です。

温かな日差しをたくさん浴びてまっすぐに育つ青々とした植物のように、温かな言葉のシャワーをたくさん浴びて、にこやかにすくすくと育つ子どもたち。

想像すると、とっても素敵な光景が浮かんできます。


私たち教師は毎日、子どもたちに、教室でいろいろな言葉を伝えています。

話し言葉、伝える言葉、指示する言葉、反応する言葉、褒め言葉、注意する言葉……。

それら全てが、子どもたちに聞かせている言葉です。

例えば、こんな場面があります。

朝、「おはようございます」と私が教室に入って行くと、真っ先に「おはようございます」と挨拶をしてくれる子がいます。

「〇〇さん、おはよう。先に挨拶してくれてありがとう」（感謝）
「えー！　今の誰？　自分から挨拶ができるなんて、さすが〇〇さん」（褒め言葉）
「〇〇さんのおかげで、朝からとっても気持ちがいいよ」（アイメッセージ）
「おはよう」に少しずつ何かをプラスすることで、微妙にニュアンスが変わりますよね。

教師が発する日々の小さな言葉を毎日浴びて、子どもは変化し、育つのです。
もちろん、すぐにではありません。
毎日、繰り返し教師の言葉を浴びて、少しずつ少しずつ、言葉の栄養が蓄積され、醸成され、子どもたちの栄養になっていきます。

●「ことば」は「こころ」を超えない

人は言葉を通してコミュニケーションをとっています。
気持ちは見ることができません。

「考えていることって見ることができる？」

子どもによく問う言葉です。

「考えていることを見ることができたら楽なのにね。頭の上に、こうやって吹き出しになっていたら、『あ、あの子はおなかが痛いんだな』と分かるし、『あ、この子はこんな考えで問題を解いたんだな』とか分かって便利なのにね」と。

でも、そのたびに、最終的には、「見えたらこわいね～」と笑っています。

「『先生、しわが増えたな』とか、そういう気持ちが見えたら悲しいよね……」と。

見えないものを「見える化」しているもの、それが言葉です。だからこそ、言葉は大切なのです。

そして、**伝える必要のないことは、見えないから心地よい**のです（「しわ増えた」も、そうです笑）。


人は、言葉で伝えたことが、全てです。

よくも悪くも、言葉で伝えたことしか伝わりません。

だから、大切にしなくてはいけません。自戒も込めて。

●自分にも聞かせている「ことば」

あなたはあなたが使っている言葉でできている。

（ゲイリー・ジョン・ビショップ）


毎日子どもたちに聞かせている言葉は、もちろん自分の耳にも入る言葉です。

つまり、自分の口から発する言葉は、自分自身が一番多く聞いているのです（当たり前ですが）。

自分が汚い言葉ばかり使っていたら、罵る言葉ばかり伝えていたら、自分自身にもその言葉を浴びせているということです。

「大丈夫だよ」「できているよ」「素敵」励ます言葉や優しい言葉を使っていたら、自分自身の心にもその言葉が醸成されていくはずです。優しい言葉を使えば優しい人に、きれいな言葉を使えばきれいな人になれると信じています。どんな言葉を使うかで、教師自身の人生をもつくっているということです。

とはいえ、「そんなに毎日穏やかではいられない」というのも本音です。叱ってもいい、時には感情的になることもあっていいと思っています。

そして、うまくいかないことに歯がゆくなって反省して、次の日の朝にまた子どもたちに自分の思いを伝えたりして……。私自身、そんなことをもう二十年以上も繰り返しています。

言葉で失敗して、そして、また言葉でやり直しをしていく。そういったことも全て含めて、「ことば」で子どもを育てるということです。

いろいろな日があることでしょう。全てひっくるめて、「教室にいるときの自分が好き」と胸を張って言えるようになりたいですね。

2 「ことば」で学級をつくる

●「ことば」を選ぶということ

教師という仕事は、常に瞬時に判断を求められます。

「今は指導すべき場面なのか」

「ここは、スルーしておこうか」

「全体の場で言った方がよいことなのか」

「個別での声かけが必要か」

「少し楽しい雰囲気で話そうか」

「きっちり厳しく伝えようか」


そのときその場で、判断が求められます。同じことに対しても、子どもの発達段階や学級の実態だけでなく、一人一人の特性に応じてどんな言葉をかけるのか（もしくはかけないのか）判断が求められているのです。そして、時が経ち「あのときこうすればよかった」などと思うこともしばしばあります。

例えば、こんな場面があります。

「今日は時間割の変更があります。3時間目は体育の予定でしたが、運動場が使えないので、算数に変更します」という場面。

体育を楽しみにしていた子どもたちは「えーーーーーー！」と言うかもしれません。

その言葉に、どう反応しますか。

「そんなこと言っても仕方ないでしょ」と、言いたくなりますよね（そもそも教師のせいではありませんし）。

それをそのまま伝えるのか、言葉をいくつかの選択肢から選ぶのかは大きな分かれ道です。

「そうだよね、残念だよね」（共感）

「ちょっと待って。そういうときはこう言うといいよ」（感情の出し方を教える）

「今日は仕方がないから、次の算数の時間を体育と交換しようか」（代案を出す）もしくは、スルーする（「温かな無視」と私は言っています）ということも考えられるかもしれません。

こういったイレギュラーな場面や、どうしようかと迷うときが毎日毎時間毎分、学校ではたくさんたくさん訪れます。相手は人間ですから、当然ですよね。

そしてそのたびに私たちは瞬時に判断し、言葉を選び、言葉を発しています。その一回一回に、最善を尽くしていきたいですね（もちろんできないときもあります）。

どの言葉を選ぶのか。

そこに、教師としての技術と経験と、そして願いや思いが詰め込まれています。

●「ことば」の引き出し

言葉選びに最善を尽くすためには、言葉の引き出しを多くもっていると安心です。一つの場面で、いろいろな方向からアプローチすることができれば、そのときに応じて言葉を選ぶことができます。


例えば、子どもたちに話を聞いてほしいとき。

「聞いてください」という直球もよいです。

もちろんよいのですが、毎回同じ言葉だけでは子どもの心に届きにくくなるように思います。


「話を聞いてほしいとき」という一つの場面でも、
今日は月曜日だから……この話をしようかな。

前回しっとりと語ったから、今回は前向きな言葉で伝えようかな。

ちょっとゲームをした後で、話を聞くことの大切さを伝えようかな。

などと、そのときの状況に応じて様々な角度からアプローチしていきます。「静かにしましょう」という「行動を抑制する」言葉だけでなく、「その裏にある教師の思いや願い」を伝えることで、少しずつ少しずつ、教師の言葉が子どもたちの心に届くと思っています。

●「ことば」を伝えるタイミング

言葉の引き出しを多くもっていることと同じくらい、言葉の引き出しを開けるタイミングもまた重要だと思っています。どんなにおいしい料理も「タイミング」が大切です。

「今ここぞ！」という最適なタイミングで、「今この言葉！」という最適な言葉かけができたら最高ですね。

例えば、月曜日の朝には、どんな言葉を伝えますか。

新学期が始まるときに。

大きな行事の前や後に。

あるいは、夏休み前や後に。

または、ちょっと落ち着かないなと感じたときや、落ち着かなくなると言われる六月や十一月、そして二月。

何か問題が起きてから伝える言葉も大切ですが、何か起きる前に伝えるべき言葉をもっていれば、問題を未然に防ぐことにつながるかもしれません。

私は、運動会前に必ず伝えることがあります。

運動会の練習が始まるころに、

「運動会ってどうしてやるのだろうね」

と尋ねます。運動会の意義について子どもたちに考えてほしいからです。

「一生懸命やることが大切だから」とか「諦めない心を育てるため」「友達と協力するため」「お家の人に頑張っている姿を見てもらうため」など、子どもたちは一生懸命考えて、子どもたちの言葉で伝えてくれることでしょう。

「うんうん、そうかそうか……そうだね、そのとおりだね」

と相槌を打ちながら、子どものまっすぐな意見を受け止めます。

「みんなのやる気がよく伝わったよ。今伝えてくれたみんなの気持ちが達成できるような運動会になるように、先生も一緒に頑張るね。たくさん意見を出してくれてありがとう」などと締めくくります。

職員会議で提案された資料を見れば、運動会のねらいは明記されています。そこを読んで聞かせてもよいと思いますが、子どもたち自身がねらいについて考える時間が大切だと思っています。

タイミングとしては、「運動会前」ではなく、「運動会の練習が始まる前」です。これが重要なポイントです。運動会の練習が始まってからではなく、練習が始まる前にねらいについて考えることで、子どもたちの練習の姿勢がきっとほんのちょっと変わるはずです。きっと。


週の予定や月の予定、年間予定などで先を見通し、タイミングを見つけたいですね。

タイミングを逃したと思うこともあるかもしれません。それでも、伝えたいと思ったときが伝えどきです。遅すぎることはありません。「もっと早く言えばよかったんだけど」と添えて伝えることもできます。


言葉を伝えるタイミングは、経験とともに身に付いていくものです。

焦らず、慌てず。

3 「ポジティブことば」が学級にもたらすもの

●「ポジティブ」とは

「ポジティブ」を辞書で調べると、「前向き」「積極的」「楽天的」などという言葉が出てきます。

> 私は失敗したのではない。
> ただ、一万通りの「うまくいかない方法」を発見するのに成功しただけだ。（トーマス・エジソン）

ネガティブに捉えられがちな「失敗」を、ポジティブに捉えたエジソンの名言です。

物事は、捉え方次第で、ポジティブに変換できることが多くあるのではないかなと思わせてくれる言葉です。もちろん、できないこともありますが、よくないと思われるようなこともポジティブに捉え、考えを変換したり言い換えをしたりすることができる前向きな自分で在りたいと常々思っています。

●「ポジティブことば」のメリット

「ポジティブことば」には、その言葉自体が「前向き」であるものもありますし、その言葉を使うことでその場の雰囲気を明るくするものもあります。

例えば、誰かの消しゴムが見つからないという場面があったとします。

「誰がとったの」という言葉をかけられたら、信用されていないという状況に傷ついてしまう子もいるかもしれません。また、このような言葉を度々教室の中でかけられたら、子どもたちも人を疑って見るようになりかねません。

そこで一言。

「〇〇さんのファンがもっていったのかもよ？」

「誰か、〇〇さんの消しゴム間違えて筆箱に入れちゃった子いない？」

などと、前向きな言葉かけをした方が解決への近道になることもあります。

「あ……！　ありました」というのも、問い詰められたら言い出しにくくなりますが、「間違えて入れちゃったのかな？」と言われたら、言い出すハードルがぐっと下がりますよね。

教師がポジティブな言葉がけをすることは、学級を明るい雰囲気にするだけでなく、子どもたちの口から出る言葉もまたポジティブなものにしてくれることでしょう。

「大丈夫だよ」と言い続ければ、子どもたちも「大丈夫だよ」が口癖に。

「素敵だね」と言うと、「そんなこと言う先生が素敵だね」と返ってくることも。

●「ポジティブことば」を選ぶということ

> 誰でも口からマイナス（－）なこともプラス（＋）なことも吐く
> だから「吐」という字は、口と＋と－でできている
> マイナスのことを言わなくなると－が消えて「叶」という字になる
>
> （ゴルゴ松本）

いつもいつもポジティブでいることは簡単なことではありません（かくいう私も決してポジティブな人間ではありません。弱音を吐くことももちろんあります）。でもだからこそ、教室では意識してマイナスな言葉でなくプラスの言葉を選択していきたいと思っています。「ポジティブことば」を選ぶことで、教師自身も子どもたちも、学級全体の雰囲気も温かいものになることを願っています。

4 教師の言葉に込められているもの

●教師の言葉には「意図」がある

「大切な話ですから一度しか言いません」という言葉を耳にすることがあります。大切な話なら、何度もしたらいいのに、と思うこともありました。

しかし、「一度しか言わない」のはなぜでしょうか。そこには、「しっかりと聞く習慣を身に付けてほしい」という教師の意図があるのです。

意図があるならそれを伝えるべきです。

「今から大切な話をします。しっかり聞けるようになってほしいから、一度で聞いてくれたらうれしいよ」と伝えれば、子どもも教師の意図を理解することができます。

意図を伝えずに「一度しか言いません」と言い、聞き逃してしまった子に「さっき言ったでしょ」と言ったら、子どもにとっては、時に意地悪に聞こえてしまう可能性もあります。

●教師の言葉には「理由」がある

「廊下は走りません」

学校生活の中でよく使われる言葉です。廊下を走ってはいけない理由は、「危ないから」です。廊下を走っていると、突然ぶつかるかもしれません。大けがをしてからでは遅いのです。「走りません」「歩きます」だけでなく、理由もセットで伝えてあげましょう。

そして、「あなたがけがをしたら、お家の方も先生も悲しいから」ということも伝えます。と同時に、「あなたが誰かをけがさせることもまた悲しい」ということも伝えます。

行動を変えるだけでなく、**理由をセットで伝える**ことで、行動の基になる気持ちを変えることができます。

●教師の言葉には「願い」がある

どんな育ちをしてほしいのか、発達段階や個の特性に応じて、教師は願いをもっています。

例えば、「中学年だから、利他の心を育てたい」「高学年だから、学校のリーダーとして」という発達段階に応じた願いもありますし、「挨拶が返せるようになったから、次は自分から挨拶できるようになってほしい」という個の成長を促す願いもあります。

今までできていたことができなくなったときに「なんでできないの」と思ってしまうのも、そういった願いがあるからです。だからこそ、「こうなってほしい」という願いは、口に出して伝え続けることが大切です。

できなかったときに指摘するのではなく、できたときに褒める機会を増やすために、教師の願いを伝え続けていきたいと思います。

●教師の言葉には「愛」がある

貝の口をこじ開けるのには大きな力が必要ですが、火を通すと簡単に口を開いてくれます。同様に、強い言葉より温かい言葉を選ぶことで、子どもたちは自然と心を開き、心を通わせることができると思っています。言葉の節々に「あなたのことが大切」「あなたのことが大好き」という気持ちがにじみ出るような、そんな教師で在りたいです。

当たり前のことですが、教師と児童である以前に、人と人です。

気持ちを込めて伝えた言葉には、重みがあります。

愛を込めて伝えた言葉は、必ず伝わると信じています。

コラム
01

いろいろな「あいことば」

教室にはいろいろな「あいことば」があると思っています。

どれも特別なものではなく、私たちが教室で何気なく使っている言葉です。

合言葉

一般的な「合言葉」です。調べてみると、「仲間のうちの信条・目標として掲げている言葉。モットー。」（Weblio辞書より）と書いてあります。

みんなが知っている言葉、というものが、学校の中にはたくさんあると思います。

学校教育目標や学級目標もそうですし、学級に掲示してある「話の聞き方」「話の仕方」なども、広い意味では「合言葉」になるかもしれません。

学級の子どもたちと決めたオリジナルの合言葉は特に愛着があるものになります。

iことば（アイメッセージ）

「私は」から始まる言葉、教師の気持ちを伝えるときに使う言葉です。

信頼関係がある上での「先生はうれしい」「先生は悲しい」は、子どもの心に響く言葉になります。教師のアイメッセージが子どもの心に届くようになったら、温かい関係ができている証です。

好きな人が喜んでくれるとうれしい、というのと同じですね。

合いことば

助け合い、支え合い、伝え合い……。

学校生活では「〇〇合い」の必要な場面が多くあります。

そして、このたくさんの「合いことば」が機能している学級ほど、いわゆる「うまくいっている」学級と言えるのではないでしょうか。

愛ことば

「愛のある言葉」を、「愛ことば」と呼んでいます。

例えば、大切な人と一緒にいるときには、いつも慎重に言葉を選んで心の込もった言葉を使っていると思うのです。それが「愛ことば」です。

教室にいるときも、そんな「愛ある言葉」を使っていきたいと思っています。

気持ちを込めて選んだ言葉は、必ず伝わります。

実践編

ポジティブことば

1

ことバリエ

ポジティブことば 1

ことバリエ

●「ことバリエ」とは

「ことば」＋「バリエーション」＝「ことバリエ」

つまり、「言葉のバリエーション」という意味です。

私たちは日々、たくさんの言葉を子どもたちに伝えています。真剣な言葉で伝えたり、少しくだけた表現で伝えたり、よくない話のときはきっぱりと結論から伝えることもありますし、「私はこう思うよ」と、アイメッセージでしっとりと伝えた方がより伝わるということもあります。一つの場面でも、今回はどのパターンで伝えようかと、瞬時に判断しているのです。

言葉のバリエーションをたくさんもっていれば、そのときに応じた最適な言葉を選択することができます。「人は言葉を浴びて育つ」からこそ、いくつもの選択肢の中から言葉を選んでいきたいですね。

●「ことバリエ」の種類

「ことバリエ」の中で、私が大切にしたいものを二つ紹介します。

①「あったかことば」で伝える

温かみのある優しい言葉のことです。

「こうあるべき」という正しさも大切ですが、正しさよりも、「そうだよね、分かるよ」という共感や温かさが人を救うという場面が、学校ではしばしばあると思っています。

やさしい言葉は、たとえ簡単な言葉でも、ずっとずっと心にこだまする。
（マザーテレサ）

②「考えことば」で伝える

子ども自身が自分で考えることを促す言葉です。

「〇〇しましょう」「〇〇してはいけません」という教師発の指示だけではなく、子どもが自ら思考できるような言葉を選びたいと思っています。結論がすぐに出なくても、多少遠回りをしても、自分で考えるということが習慣化すれば、必ず子どもたちの成長につながると信じています。

ことバリエ 1

話を聞いてほしいとき

話を聞くことは、大切にしたい学習規律の一つです。

年度始めにルールを決めたりゲームを取り入れたりして、望ましい行動を教えるだけでなく、「なぜ話を聞くことが大切なのか」を語れる言葉をもっていたいです。

いろいろな角度から、地道に繰り返し指導していきましょう。

△

これまでの「ことば」

「聞いてください」

基本のポイント

- ☑ 年度始めにルールをつくっておくと安心
- ☑「なぜ話を聞くことが大切なのか」は何度も確認
- ☑ できているときには何度も褒める

◎これからの「ことば」

★ルールとして伝える

「先生が手を三回たたいたら、まねをしてから口をとじましょう」

「こうしたら静かにする」というルールがあると、子どもたちの安心感につながります。手をたたくことで、視覚にも聴覚にも訴えることができ、少しざわざわしていても音が通るのでおすすめです。

★ゲームで伝える

（小さな声で）
「先生の声が聞こえる人は拍手をしましょう」

ざわざわして落ち着かない雰囲気を感じたら、レク要素もある言葉かけも有効。近くにいる子が拍手をし始めて、「あれ？　なになに？」と少しずつ周りの子も気が付きます。

こそっ
先生の声が
聞こえる人は
拍手をしましょう
??
なに
なに!?
パチ
パチ☆
パチ☆

「話の聞き方　おうじさま」（出典：『教育技術』より）

お：終わりまで聞きます
う：うなずきながら聞きます
じ：じっと見つめて聞きます

「うめライス」（出典：ＮＨＫ「お伝と伝じろう」より）

う：うなずきながら聞こう
め：目を見て聞こう
ラ：ラストまで聞こう
イ：一生懸命聞こう
ス：スマイルで聞こう

＼ひとこと／

学級の中に合言葉があると、繰り返し伝えたり、掲示したりすることで定着につながります。子どもたちと話し合って合言葉を決めれば、「自分たちだけの合言葉」として特別感が増し、意欲も高まるでしょう。

★楽しく伝える

「先生の眉毛を見て」

「先生の眉毛を見て」「先生の鼻を見て」などと、顔のパーツをあれこれ指定する方法も◎。自然とにっこり笑顔になること間違いなしです。「その笑顔でそのままお話を聞いてね」と続けます。

「先生の顔を見て、いつもと違うお化粧に気付く？」と聞くのもアリです。一生懸命顔を眺めて、「あ！ 眉毛がない！」などと探してくれます（笑）。

★楽しく語る

「目や耳が二つあるのはどうしてだろう」

「みんなの目はいくつある？」と聞けば「二つ」と答えます。「耳は？」「二つ」。「じゃあ、口は？」「一つ」とここまで問答し、「どうして目や耳は二つあるのだろう？」と尋ねます。子どもたちは一生懸命考えます。「目と耳でしっかり話を聞けるように、かもしれないね」などと伝えます（本当は別の理由だということも付け加えておきます）。

＼こんな方法も／

語った内容はそのまま学級通信にすることも。担任の思いを知ってもらうことで、お家の方と同じ方向を向いて指導にあたることが期待できます。

「話を聞くのは思いやり」

全ての物事は、思いやりという土台の上にあると思っています。話を聞くという行為自体が、「あなたの存在を大切に思っています」という表れです。また、相手の方を見て聞くことで、「あなたの話を聞こうとしています」という意思表示であると考えることもできます。

つまり、先生や当番の子が前に出てきたら、口を閉じて目を見る。この行為自体が、相手を尊重し、大切にしている行為なのです。ですから、「話を聞くことは思いやり」なのです。

この語りを一度しておくと、「〇〇さんは話をよく聞いているね、思いやりがあるのだね」などと伝えることができます。

＼こんな方法も／

「思いは見えないけれど、思いやりは見える」
（宮澤章二『行為の意味』より）

高学年であれば、この言葉を紹介しながら、「話を聞くことは『見える思いやり』だね」などと伝えても効果的◎。

こんな子どもに育てたい

教師として、一人の大人として、何よりも「思いやりの心をもった子」を育てたいと思っています。思いやりは、人を思う心です。

「話を聞くのは思いやり」と同じように、「丁寧な言葉で話す」ことや「友達に拍手を送る」こと、「心を込めて掃除をする」ことも、人を思う心からくる行為だと伝えることができます。

人を思う心は、行動の原動力になります。教師がロールモデルとなり、子どもを思う心をもって、温かい言葉をかけていきたいですね。

ことバリエ 2

注目してほしいとき

「話を聞いてほしいとき」と同じように、年度始めに徹底したいことの一つです。

対象は教師だけでなく、発表している友達の場合もあります。

「目は口ほどにものを言う」とはよく言ったもので、人と人は目でコミュニケーションをとっているのです。温かい聞き方、優しい伝え方とともに、コミュニケーション手段のスタンダードの一つにしたいですね。

△

これまでの「ことば」

「顔を上げて、○○さんの方を見ましょう」

基本のポイント

- 具体的な言葉で伝える
- 態度で示すことは大切なスキル
- 目を見るのが恥ずかしいという子への配慮も

◎これからの「ことば」

★「考えことば」で伝える

「今、お話しているのは誰かな？」

友達が発表しているときに、教師の方を見ている子もいます。そんなときに有効な一言です。発表者の近くに教師が移動することで、子どもたちの視線を自然と発表者の方に向けるという技もあります。

★楽しく伝える

「爪の中に先生はいません」

子どもたちが指先を触っていたり眺めていたりするのは、授業中によく見られる光景です。そんなときに「え？　爪の中に先生いた？」などと大げさに伝えると、ふっと笑いが起きます。友達の発表のときではなく、教師の話のときに使うとよいでしょう。

★楽しく伝える

「目からビームを出してね～」

もちろん実際にはビームは出ません（笑）。しかし、「こっちを見てね」と声をかけるよりも、強い視線を感じられそうな気がします。子どもたちも目をキラキラさせて顔を上げてくれることでしょう。

★理由を語る

「聞いています、という合図だよ」

どうして注目してほしいのかをきちんと伝えます。たとえ、話をしっかりと聞いていたとしても、そっぽを向いていたら聞いているように見えないものです。注目をしていることで、「私はあなたの話を聞いていますよ」ということが伝わります。見えない心を態度で示すことは、大人になってからも大切なスキルです。

＼アドバイス／

中には、目を見ることが恥ずかしいという子もいます。そんな子には、鼻や眉毛でもよいと伝えています。顔を上げて話を聞いてくれるとうれしい、ということを添えて伝えます。

ことバリエ
3

よいことを伝えるとき

毎日毎時間、褒める場面、褒めたい場面がたくさんあります。褒めたいと思ったときが褒めどきです。タイミングを逃さず、ストレートに伝えるのが一番ですが、褒め方にもバリエーションがあると、子どもたちの笑顔がさらに増えるでしょう。

△ これまでの「ことば」

「〇〇がとても素晴らしいですね」

基本のポイント

- ☑ よいことは大げさに伝えたい
- ☑ 笑って褒めたり真剣に褒めたり、表情も大切
- ☑ 目に見える形にして褒めるのも効果的

◎これからの「ことば」

★合言葉で伝える

さ：さすが！　「やっぱりすごい」が含まれている「さすが」
し：信じられない！　「そんな考えができるなんて信じられない！」
す：素敵♡　「素晴らしい」でも◎
せ：先生よりすごい　意外と喜ばれる一言です
そ：そうだね〜！　「そうだね」は承認の第一歩です

★おおげさに伝える

「めーっちゃ素敵なこと、言っていい？」

この言葉を聞くと、「何か褒めてもらえる」ことを予感して、子どもたちは前のめりになって笑顔になることでしょう。これで「褒められる」準備完了です。褒められる準備ができて、全員がきちんと褒められることは、学級の雰囲気をよくすること間違いなしです。

こんな方法も

「めっちゃうれしい」「先生は幸せ者」などと、アイメッセージで伝えるのも効果的です。「（私の大好きな）先生が喜んでくれた」という気持ちが次への意欲につながります。

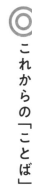

★しっとり伝える

「ねぇ、ちょっと聞いて！　今ね……」

近くにいる子に、小さな声で、その場にいない子を褒めます。「ねぇ、ちょっと聞いて。今ね、落ちているごみを〇〇さんが拾ってごみ箱に捨てていたよ。そんなことができるなんて素敵だよね」などと、学級の子どもたちと、友達の「素敵」を共有します。聞いていた子が本人に伝えるかもしれませんし、「今度は私も」という意欲につながることも期待できます。

★おおげさに伝える

「先生が三年生だったら　そんなことできないよ～」

「先生が〇年生だったら」という例えで褒めるのも効果的です。

ねぇ
きいて～
今、〇〇さんが
ゴミを拾ってくれていたよ！
ステキだよね～
次は
わたしも！
ポイ
ゴミ

★おおげさに伝える

「え！　今、〇〇って言ったの、誰？」

授業中など、みんなが聞いている場面で使うのがおすすめです。板書をしながら、はっと後ろを振り返り、「今『そういうことか』ってつぶやいたのは誰？　そういうつぶやき、いいよね」など。授業の流れを止めるほどの言葉だったということです。
類似言葉に「どうしてそんな素敵なことができるの」もあります。

★楽しく伝える

「〇〇の習い事をしているでしょ」

給食当番で配膳が上手な子に「配膳の習い事している？」。さりげなくゴミを拾ってくれる子に「ゴミ拾いの習い事をしているでしょ」。机をそろえてくれた子に「机そろえのアルバイトしている？」などと、実際にはありえない内容での「習い事」「アルバイト」という設定で笑いを呼びつつ、また新しい視点から褒めることができます（廣瀬裕介『教室エンタメ』のアイデアを参考にしました）。

＼こんな方法も／

黒板のすみに、花丸を描いてその下に名前を書く方法もあります。「話の聞き方　〇〇さん」のように、何が素晴らしかったのかも一言添えておきます。書くことで褒められる子どもが増えてくることでしょう。増えてきたら名前を増やしていくと◎。

こんな子どもに育てたい

「優しいね」と言いながら育てると、優しい子になるといいます。

「よい姿勢だね」と言い続けると、本当によい姿勢が身に付く子もいます。

その一瞬を逃さないよう、望ましい場面を見つけたらすかさず褒めます。誰かと比べるのではなく、その子なりの頑張りを見つけ、認めていきます。

こうなってほしいという教師の思いが、子どもを育てます。

ちょこっとマメ知識

「メラビアンの法則」

人と人とのコミュニケーションにおいて、言語情報が7%、聴覚情報が38%、視覚情報が55%のウエイトで影響を与えるという心理学上の法則の一つです（NTTコムウェアより）。この法則によると、よいことは言葉だけでなく、声のトーンを上げて、大げさにジェスチャーも加えるくらいで伝えるのがちょうどよいということになります。目を大きく開けて、口も開けて、両手を添えたりして伝えてみましょう。

ことバリエ 4

よくないことを伝えるとき

褒めることも大切ですが、よくないことを伝えなくてはならないこともあります。ただ、正しいことを伝えているつもりでも、感情的な言い方や高圧的な伝え方では、「先生が怖かった」という気持ちだけが残り、伝えたいことが伝わらないこともあります。

よくないことを伝えるときは、「行動」を叱ることと端的に伝えることを心掛けます。

△

これまでの「ことば」

「○○するのはダメです」

基本のポイント

- ☑ はじめと終わりを分かりやすく「お説教」する
- ☑ 行動を叱る、人格を否定しない
- ☑ バリエーションがあれば、叱られ慣れない

◎これからの「ことば」

★しっとり伝える

「みんなに言いたくないことを言わなくちゃいけないのだけど……聞いてくれる？」

この言葉を聞くと、「何かよくない話がある」ことを予感して、子どもたちは真剣な表情になって心の準備をすることでしょう。教師も、「大事な話がある」ということが子どもたちに伝わるように、真剣にしっとりとした口調で話し始めることがポイントです。

話の終わりには「はい、おしまい」などと、これで終わりという区切りをきちんとすることで、子どもたちの緊張感もほどけます。これは、「だらだらしゃべらない」という教師自身への足枷にもなります。

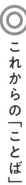

★キッパリ伝える

「今から、お説教をします！」

この言葉を伝えると、「えっ！」という顔になる子どもたちの姿が想像できますね（笑）。

しっとり叱る技も、きっぱり叱る技もどちらももっていれば、子どもたちも叱られ慣れることがなく、素直な心で話を聞くことができるでしょう。

★キッパリ伝える

「ならぬことは、ならぬものです」

（『あいづっこ宣言』より）

何事も理由を伝えることは大切にしたいと思っていますが、内容によっては「ならぬことはならぬ」ということもあります。命に関わることやいじめに関することなど、「先生が叱るとき」というのをあらかじめ伝えておけば、ならぬことが起きたときに「ならぬことはならぬ」の一言で伝わるのではないでしょうか。

譲れない芯をもつことも大切なことです。

〈出典〉

あいづっこ宣言

一　人をいたわります
二　ありがとう
　　ごめんなさいを
　　言います
三　がまんをします
四　卑怯《ひきょう》なふるまいを
　　しません
五　会津を誇《はこ》り年上を
　　敬《うやま》います
六　夢に向かってがん
　　ばります

　やってはならぬ
　やらねばならぬ
ならぬことは
　ならぬものです

★アイメッセージで伝える

「先生は悲しかったよ」

よくない話をする中で、教師の気持ちをアイメッセージで伝えるのは、一つの手段としておすすめです。教師と児童である以前に、当たり前のことですが、人と人です。人の心を動かすのは、人の心であり、言葉です。どんな言葉よりも「先生は悲しかった」という一言は、子どもたちの心に響くはずです。

こんな子どもに育てたい

（ちょっとおかしな言い方ですが）上手に叱られるというのも大切な能力だと思っています。叱られた後にすねたり泣いたりひきずったりすることなく、さわやかに叱られることができる子を育てたいと思っています。

そのために、私もさわやかに叱ることを心掛けています（まだまだ上手にできませんが）。

ことバリエ
5

ざわざわして騒がしいとき

騒がしい学級は、エネルギーのある学級です。そのエネルギーを正しい方向へ放出させられるように、話を聞くときは聞く、作業するときは集中して作業する、話し合うときは友達と話し合う……そんな静と動のメリハリのある時間を体験させたいですね。静かにすることだけが目的にならないように、そして、静かにすることのよさを子ども自身が感じられるように、いろいろなバリエーションで伝えていきましょう。

△

これまでの「ことば」

「静かにしましょう」

基本のポイント

- ☑「できている」一瞬を捉え、褒める
- ☑ BGMなども効果的に活用して
- ☑ おしゃべり＝悪ではないという語りも大切

これからの「ことば」

★即興的に伝える

「耳を澄ませて……何が聞こえる？」

「耳を澄ませて」と伝えた後に一瞬でも静かな時間が流れたら、このときがチャンス。「何が聞こえる？」と尋ねてみると、「蝉の声」「一年生の声」などと聞こえたものを口々に言うでしょう。「静かにしたら聞こえたね。静かにできたね」と伝えることで、「できた」という自信につながります。

★アイメッセージで伝える

「この静けさ、好き」

静かになった一瞬を捉えて、「この静けさ、いいね」と短い言葉で伝えます。「鉛筆の音しか聞こえなかったね、この静けさ好きだなぁ」などと繰り返すことで、静かに作業をするべきときを、子どもたち自身で判断できるようになります。

耳をすませて…
何が聞こえる?
車の音
1年生の声

★しっとり語る

「おしゃべりが悪いわけではないのだよ」

いつも「静かにすること」を求めていると、活気のない学級になる心配もありますよね。「みんな仲がいいよね。だからお話したくなっちゃうんだよね。仲がよいのは素敵なこと。言葉でコミュニケーションすることも大切なこと。でも、今はお話する時間じゃないよ」などと折に触れて話しておくと、おしゃべりが全ていけないわけではないということも伝えることができます。

★しっとり語る

「静かはつくるもの」

「静かにしましょう」から、「静かをつくりましょう」に変換するだけです。「静かにしましょう」だと注意されているようにも聞こえますが、「静かをつくりましょう」とするだけで、子どもたち自らで雰囲気をつくり出すような感覚になります。自分たちの学級は自分たちの手でよりよくしていくという、自治の心を育てる第一歩につながります。

＼ひとこと／

「いつも静かにしているクラスがよいクラス」ではありません。「みんなのよいところは元気なところ。元気のよいみんなのこと、大好きだよ。でもね、静かにするときにさっと静かにしてくれると、もっともっと大好きだよ」などと語ることもあります。

こんな学級をつくりたい

静かに集中している状態が気持ちよい状態であると思える学級は、きっと素敵な学級です。静けさは安心感です。そんな居心地のよい学級をつくりたいですね。

こんな方法もおすすめ

休み明けの月曜日の朝など、なんとなく落ち着かないなと感じるときには、子どもたちを教師の近くに集めて読み聞かせをするのもおすすめです。

作業的なシーンでは、小さな音でオルゴールのＢＧＭを流しておくのも効果的です（子どもたちからは「眠たくなっちゃう～」という声もありますが……）。

ことバリエ 6

廊下を走っているとき

廊下を走ってしまうのは、きっと急いでいるからです。そんな場面もあるかもしれませんが子どもたちの安全に関わることですから、一つ一つ見逃さずに指導していきたいですね。

行動を変えるのはもちろんのこと、行動の基となる気持ちを抑えるような言葉をかけたいものです。

△

これまでの「ことば」

「廊下は走りません、歩きましょう」

基本のポイント

- ☑ 安全面に関わること、命に関わることだという認識を
- ☑ 何度でも根気よく
- ☑ どの学級の子も同じように全職員で

◎これからの「ことば」

★即興的に伝える

「やり直しましょう」

「歩きましょう」と言っても、聞いているのか聞いていないのか……といった状況になりがちです。走ったところからもう一度やり直しをするようにします。まさに「急がば回れ」を体感することになります。面倒くさいな……と子どもは思うでしょうが、こちらも根気よく声をかけていきます。

★楽しく伝える

「マラソン大会の練習は、しません」

ゆるゆると走っている場合には、たまにはこんな声かけでも。「廊下で鬼ごっこしません」などという言い方も、変化球としてもっておいてもよいですね。

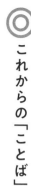

★アイメッセージで伝える

「誰かがけがをしたり、けがをさせたりしたら、先生は悲しい」

「どうして廊下は走っちゃいけないのだろう?」と問いかけてみます。「危ないから」「誰かにぶつかってけがをするかもしれないから」などと、子どもたちは、きっと答えてくれるでしょう。子どもたち自身が考える機会をつくった上で、改めて教師の思いを伝えます。「けがをしたら、先生は悲しい。そしてお家の人も悲しみます。そして、それと同じように、誰かをけがさせてしまったら、やはり先生もお家の人もものすごく悲しい」などと伝え、「けがをしてからでは遅い、けがをさせてからでは遅い」ということを念押ししておきたいですね。

こんな子どもに育てたい

安全に関わることなので、子どもたち同士で注意し合えるのが理想です。「廊下を走っている子を見かけたら、優しく『危ないよ』と声をかけてあげてね」などと伝えておくとよいですね。

＼こんな方法も／

あまり脅かすのもよくないですが、実際に廊下であったけがの話などを真剣に伝えてみてもよいです。けがをしてからでは遅いのです。「脅かすつもりはないけどね、こんなこともあったよ」と優しい口調で話してみれば効果的◎。

ことバリエ 7

整理整頓してほしいとき

授業が始まる時刻になっても机の上がぐちゃぐちゃだと、すぐに学習にとりかかることができません。また、足元にごみが落ちていて誰も片付けなければ教室はどんどん汚くなります。「整頓されている状態がいつもの状態」となるように前向きな言葉かけをしていきます。

△

これまでの「ことば」

「机の上を整頓しましょう」

基本のポイント

- 前向きな言葉で伝える
- 整頓されていると気持ちがいい、という気持ちの共有から
- 教卓の上もいつもきれいに

これからの「ことば」

★合言葉で伝える

「机の上は、つーるつる♪」

机の上を片付けてほしいときに、歌のように音程やリズムを付けて伝えると、合言葉のようになります。慣れてくると、教師が「机の上は」まで言うと、「つーるつる」と子どもたちが歌うようになります。机の上をつるつると触るジェスチャーを付けるとより楽しくなります。

★楽しく伝える

（ぐちゃぐちゃな机の上を見て一言）

「大変！　泥棒が来たかも」

何度伝えても机の上がぐちゃぐちゃになってしまう子、いますよね。同じ伝え方をしてもあまり効果がないようなら、たまにはこんな伝え方も。いそいそと恥ずかしそうに整頓をする姿が予想できます。

★クイズで伝える

「物の整頓は○の整頓」

「『○』に入る言葉は何だと思う？」と尋ねながら、整頓のメリットについて改めて考えるきっかけをつくります。「頭」「心」といった意見が出たら、「教室がきれいだと頭も心もすっきりして、気持ちがいいね」などと締めくくります（ほかの意見でももちろんよいです。前向きな意見なら、それを学級のみんなで共有しましょう）。

★フリして語る

「あれがない、これがない……」

「あ～マグネットがない！ ない！」などと、なくなった物を捜すふりをします。「この時間がもったいない」と教師が悪いモデルとなることで、子どもたちが、「先生、しまう場所を決めておいたらいいよ」「どこにしまったかが分かるように書いておけばいいかもよ」など、アドバイスをしてくれたりします。
そして、物が見つかってから（もちろんフリですが）、みんなのアドバイスを振り返ってみると効果的◎。

＼こんな方法も／

「こう見えて私、きれい好きなので」というのが私の口ぐせです。数か月後には、「こう見えて私」まで言うと、子どもたちは声をそろえて「きれい好きなので」と言いながら、足元にごみが落ちていないか、机が線にそろっているかなどを自分たちでチェックするようになります。

こんな子どもに育てたい

教室にごみが落ちている、というのは荒れのサインの第一歩とも言われます。「自分たちの学級は自分たちの手で整える」という気持ちをもって、全員で居心地のよい学級づくりをしていきたいですね。

こんな方法もおすすめ

「一人一個ごみ拾いタイム」などと題して帰りの会のプログラムに組み込むなどするのも効果的◎。「一人一個ごみを拾ってくれたら、三十人で三十個。みんなの力が集まると大きな力になるね」という話にもつなげられます。

ことバリエ 8

時刻を守れないとき

時刻を守るということは、大人になってからも大切なことで、子どもたちに身に付けさせたい習慣の一つです。授業が始まる時刻を過ぎているのにトイレから戻って来なかったり、移動する時刻なのにまだ準備ができていなかったりすると、待っている子が困ってしまいますよね。ついつい注意をしたくなる場面ですが、何か事情がある場合も。いろいろなパターンを考えて言葉を用意しておきたいですね。

△

これまでの「ことば」

「みんなが困っているよ。時刻を守りましょう」

基本のポイント

- ☑ 子どもの立場に立つ、が基本
- ☑ 大人になってからも大切なことは、真剣に語る
- ☑ 教師も時刻を守ること

これからの「ことば」

★「あったかことば」で伝える

「何かあった？」

「時刻を守れていない」＝「まったくもう！」ではなく、「何かあったのかもしれない」という視点は常にもっていたいものです。お腹が痛くてトイレに行っていたのかもしれませんし、何か事情があったのかもしれません。まず、第一声は「早くしなさい」ではなく「どうしたの？」と子どもを気にかける言葉で在りたいです。

★楽しく伝える

「時刻を守れないと、待ち合わせのときに相手に迷惑かけちゃうよ」

移動教室でみんなが並んでいるときに、一人のんびり準備をしている子がいたりします。（ちょっと厳しいことを言いますが）準備に人より時間が多くかかるのなら、それを自覚して、人より早くから準備を始

めるべきです。

これは、大人になってからも大切なことです。

大きくなって、好きな人と待ち合わせをするときにも、時刻を守らないと相手に迷惑をかけちゃうよという話は、私の鉄板ネタです（笑）。

★真剣に語る

「時は金なり」

「高速道路はどうしてお金がかかるのかな」という話から、「時間を短縮するためにお金を支払っている」ことに着目させ、「時間はお金と同じ価値がある」と結びます。

友達を待たせているということは、友達の大切な時間を奪っていることになってしまいます。ちょっと大げさかもしれませんが、一度この話をしておくと、「時間泥棒にならないようにしよう」とお互いに声をかけ合う姿が見られるようになります。

＼こんな方法も／

高速道路の話をするときに、実際の金額で「1分あたりいくら支払っているのか」を計算してみるのも面白いです。ただ、あまり小言っぽくならないように、「時間にはこんなに価値があるのだね」といった発見として扱いたいですね。

★真剣に語る

「一人だけなら、守らなくてもいいのかな」

「自分一人くらいなら」という甘い気持ちがどこかにあるのかもしれません。寓話「樽の中のワイン」を例えに出して「自分一人くらいなら」という人が多くなると、学級全体がけじめのない雰囲気になってしまうことを伝えると分かりやすいでしょう。

※「樽の中のワイン」…村人それぞれが一瓶分のワインを樽の中に注いだはずが中身は水だった。なんと村人全員が「一人くらい水を入れても」と思って水を入れていた、というフランスの寓話。

アドバイス

「時刻を守る」ことを伝えるなら、教師も時刻を守りたいものです。特に授業の終了時刻です。大人の研修会でも、定刻を過ぎると「いつ終わるのだろう」「早く終わらないかな」と思ったりしませんか？　きっと子どもも同じです。

こんな方法もおすすめ

準備に時間がかかる子には、待っていた子に「お待たせしました」と伝える習慣も身に付けさせたいです。教師も「待っていてくれてありがとうね」と一言。そして、「お待たせしました」が言えた子にも「お待たせしましたが言えたね」とできていることを価値付けてあげましょう。

ことバリエ 9

ぼんやりしていて行動が遅いとき

行動がマイペースな子、ちょっと疲れている子、何か困ったことが起きている子……それぞれに、いろいろな背景があるので、行動が遅いという場面だけを見て言葉をかけるのではなく、いつもと違う様子はないかなと子どもをよく見る必要があります。瞬時に判断をするのは難しいかもしれませんが、その時々で伝え方を使い分けられるとよいですね。

△

これまでの「ことば」

「早くしてください」

基本のポイント

- いろいろな背景の子どもがいるということを念頭に
- 「いつも遅い」などと先入観を植え付けないように
- 自分で考える習慣を大切に

これからの「ことば」

★「考えことば」で伝える

「今、何する時間かな？」

自分で考える習慣を付けてほしいので、まずは尋ねてみましょう。周りの友達を見て、はっと我に返ることも。

★「あったかことば」で伝える

「何かあった？」

「ぼんやりしている＝困った子」ではなくて、その子自身が困っている可能性をまずは考えてみます。健康上の問題があるのかもしれませんし、前の時間などに友達とトラブルがあったのかもしれません。「何かあった？」の一言で、先生が気にかけているということも伝わります。

★「あったかことば」で伝える

「もう一回言うね」

「さっき言いましたよ」ではなくて、もう一度伝えてあげるという手段もあります。チャンスは一度ではなくて、何度か与えてあげてもよいと思っています。
また、「もう一回言うね」ということは「さっきも言ったけれど」という意味も含んでいて、ぼんやりしていたことを自覚するきっかけになる効果も。

こんな学級をつくりたい

のんびりしている子も、のびのびと個性を発揮することができ、友達同士、お互いに個性を認め合える学級で在りたいです。「早くして」などの教師の注意が増えることで、子どもたち同士の「あの子はいつも遅い」という決めつけがないようにしたいですね。

行動が遅くて困っているのは、誰なのでしょう。行動が遅い子どもかな？ 周りの友達かな？ それとも教師でしょうか。「まったくもう」が教師都合になっていませんように。

ことバリエ 10

授業の準備が遅いとき

前の授業が終わったら、すぐに次の授業の準備ができるとよいですが、どうしても遅くなってしまう子がいます。準備が遅い子を待っていると、早く準備ができている子を待たせてしまいます。だからといって、遅い子を放っておくこともできません。みんなが嫌な気持ちにならない言葉を選びたいですね。

△

これまでの「ことば」

「みんな待っているよ」

基本のポイント

- ☑ 真面目に頑張っている子が損をしないように
- ☑ 自分で考えられるような言葉選びを心掛けて
- ☑ 待っている子へも配慮を、遅い子にも配慮を

◎これからの「ことば」

★「考えことば」で伝える

「次の時間は、あれとあれと……3点セットだね」

「3点セット」というのがヒントです。自分で考えて用意をしてほしいので、全て言わずに、用意してほしいものの数だけ伝えるのがおすすめです。分からない子も、周りを見ながら用意をすることでしょう。

★「考えことば」で伝える

「あといくつ数えたら（何分までに）準備ができそう？」

「○分までに準備をしましょう」もよいですが、自分で見通しをもって準備をするのも大切なことです。あとどれくらいで準備ができそうか、自分で決めてもらうのも一つの手段です。

こんな方法も！

遅い子に目が行きがちですが、待っている子にも目を向けてみましょう。「準備ができている子に問題を出すよ」などと言いながら、ピンポンブーを片手に子どもが喜ぶ問題（クイズ）を出題します。準備に時間がかかっている子も急いで準備をすることでしょう。

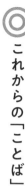

★楽しく伝える

先生「○○さん」　子ども「○○さん」
先生「頑張って！」　子ども「頑張って！」

手拍子でリズムをとりながら、「○○さん」と呼びかけて、みんなで応援します。「遅い子が悪い」という気持ちを植え付けることなく、みんなで応援する前向きな学級を育てます。

こんな学級をつくりたい

遅い子を応援したり前向きな言葉で励ましたりすることも大切ですが、「待っている子が優先」になるような言葉かけで、真面目に頑張っている子が報われる学級で在りたいですね。

ことバリエ
11

トラブルで聞き取りを始めるとき

毎日7~8時間をともに生活する場所が学校です。いろいろなことがあって当たり前。よくないことが起きたときには、個別に別室に呼んで、メモを取りながら複数の教員で丁寧な聞き取りを行いましょう。
トラブルのときは初動が肝心です。話しやすい雰囲気づくりを心掛けます。

△

これまでの「ことば」

「何があったの?」

基本のポイント

- ☑ トラブルはあって当たり前、という気持ちをもつ
- ☑ 話しやすい雰囲気をつくる
- ☑ 正直に話すことができたら、まずそれを認める

これからの「ことば」

★「あったかことば」で伝える

「いろいろあっていいんだよ」

尋問のような雰囲気になると、何か言ったら怒られるかもしれないという気持ちから、嘘をついてしまうこともあります。いろいろあっていいという教師の一言で、まず安心して話ができる空間をつくりましょう。

★「あったかことば」で伝える

「つらかったよね。全部話してすっきりしよう」

トラブルがあったということは、少なからずつらい思いを抱いているはずです。そこを慮って、「つらかったよね」と共感の姿勢を見せることで、「この先生なら話を聞いてくれるかもしれない」と、子どもも心を開きやすくなります。
正直に話すことは気持ちがいいことだと学ぶ経験を積み重ねていきたいですね。

こんな学級をつくりたい

トラブルは、すれ違いや「自分が相手と違うこと」が原因で起こることがほとんどです。自分が気にならないことでも、気になる子もいます。自分が気になることが、気にならない子もいます。当たり前ですが、人はみんな違うのです。みんな違うからトラブルになるけれど、みんな違うから楽しさもあるのです。「違うって楽しい」「違うって素敵」と、違いを認め合える学級づくりを普段から意識しておきたいですね。

しかし、どんなに普段から手を打っていてもトラブルは起きます。「学校は本番の舞台ではないよ。間違えることもある、いろんなことがあっていいんだよ」と子どもたちに伝え続けます。「どんなあなたたちのことも受け止める」というメッセージです。ですから、トラブルが起きても頭ごなしに叱ることがないようにしたいです。

そして、トラブルがあっても「自分のせいで……」と自分を責めないでくださいね。トラブルは、どこにでも誰にでも起こりうるのです。

ことバリエ
12

意地悪をしてしまう子がいるとき

意地悪の内容にもよりますが、小さな意地悪が続くような場合、一回一回対応するだけでなくその行動の背景とじっくり向き合った方が早く解決することもあります。意地悪をしている子も、楽しい気持ちでしているわけではなく、何か満たされない心の寂しさのようなものを抱えていることも少なくありません。

△

これまでの「ことば」

「どうして意地悪するの」

基本のポイント

- 表面的な問題行動だけでなく、その奥にある心を見つめて
- 自分で考えられるような言葉かけも大事
- 学級全体への情報の共有が有効なことも

これからの「ことば」

★「あったかことば」で伝える

「どうした？」

「どうして」を「どうした」に変換するだけで、「何かあったの」というニュアンスになります。先生から呼び出されたら、叱られると思うかもしれませんが、「どうした？　何かあったの。いつもの○○さんと違うね」と語り出せば、「先生は心配して声をかけてくれている」と思うことでしょう。意地悪をしてしまう背景が何かある場合、心の奥の思いを話すきっかけになるかもしれません。

★「考えことば」で伝える

（一連の行動を確認した後で）

「何がよくなかった？」

自分で考える習慣を付けるために、「何がいけなかったのか」「どうすればよかったのか」「次からどうするか」を一緒に考え、言語化していきます。

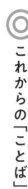

★「あったかことば」で伝える

「にこにこしている〇〇さんの方が かわいいよ（かっこいいよ）」

ある程度、関係が築けていれば、この一言で十分なときも。にこにこしているときも同じことを伝えてあげるとよいでしょう。意地悪をくり返してしまう子は、心が満たされていないことも。「見ているよ」ということが伝わる関係づくりを心がけたいですね。

こんな子どもに育てたい

友達と衝突したり仲直りしたりして、折り合いを付けながら生活していくことはとても大切な学びの一つです。その中で時に意地悪をしてしまうこともあるでしょう。もめごとが起こらないようにするのも一つの技術ですが、時にはうまくいかない思いや失敗も経験しながら成長してくれればよいと私は思っています。「大変」なときは「大きく変わる」とき。悩んだときこそ、成長するときです。

こんな方法もおすすめ

学級内で起きた揉めごとを見たり聞いたりしていて、知っている子が多い場合もあります。聞き取りのために教師が別室に子どもを呼んでいたり、泣いている子がいたりすればなおさらです。

そんなときは、「今日こんなことがあってね」と学級全体に共有することもあります。あくまでもざっくりと、名前は出さずに概要だけを伝えます（そうすることで話が大きくなったり、間違えた情報が広がったりする可能性も低くなります）。

「みんなも似たようなことがあるかもしれないから伝えるね」と前置きした上で、「そんなときはこうしたらいいと思うよ」「いろいろあっていいんだよ」「何かあったらみんなで考えよう」ということを伝えておきます。

ことバリエ 13

忘れ物が続いているとき

どんなに気を付けていても忘れ物をしてしまうことがあります。大人もそうですよね。忘れ物が続いてしまうのであれば、その背景も聞きながら、子どもたちが自分で考えられるような言葉を選びましょう。

よくないことが起きたときこそ、「これからどうしたらよいか」ということをいつも自分の頭で考えてほしいと願っています。大人になっても大切なことです。

△

これまでの「ことば」

「また忘れたの？」

基本のポイント

- 忘れ物があるのは仕方がない、という思いをもつ
- その後どうするのか、考えを促す言葉を選ぶ
- 低学年では家庭との連携も必要

これからの「ことば」

★「考えことば」で伝える

「それで？（どうする？）」

「忘れました」で終わってほしくないので、「だからどうするのか」を考えるように、年度始めに伝えておきます。「教科書を忘れたので隣の人に見せてもらいます」「消しゴムを忘れたので貸してください」など、どうするのかをセットで話すように伝えておくと、子どもたちも迷わずに対応できます。

★「考えことば」で伝える

「どうしたら忘れないかな」

忘れ物が続くということは何かしら背景があると考えられます。何度も繰り返すようなら、子どもと一緒に対策を考えてみましょう。例えば、「予定帳に赤で書く」「付箋に書いてランドセルの内側に貼っておく」など、一緒に考えればよい案が浮かぶかもしれませんね。

＼こんな方法も／

「レンタルボックス」のように、ケースの中に筆記用具などを一通りそろえておき、いつでも貸し出せるようにしておくと、忘れ物をした子も、ほかの子と同じように学習を進めることができます。「〇〇を貸してください」「ありがとうございました」を言うことも伝えておきましょう。

ことバリエ 14

ネガティブな発言があったとき

みんなで何か一つの目標に向けて頑張りたいときや、これから何か新しいことを始めようとするときなど、「えー。やりたくない」などというネガティブな発言が学級の士気を下げることがあります。

やりたくないこともあるでしょう。みんなが同じ気持ちになることは難しいです。しかし、ネガティブな思いをみんなの前で主張することで、全体の雰囲気を悪くしてしまうこともあるということは伝えておきたいです。

△

これまでの「ことば」

「そういうことは言いません」

基本のポイント

- ☑ 予測されることには、先手を打つ
- ☑ 「えー」という気持ちには理解を示す
- ☑ 学級内に前向きな言葉を増やしていく

これからの「ことば」

★楽しく伝える

「そんな人はいないと思うけど……」

「えー」と言ってほしくない場面で、先手を打っておく方法です。『えーやりたくない』と言われると悲しいから言わないでほしいな……そんな人はいないと思うけどね」と前置きをしてから話を始めます。教師がオーバーな演技で「やりたくないー!!」と地団駄を踏みながら伝えると、子どもたちも「そんな子いないよ～」と笑いが起きます。

★楽しく伝える

「『えー』を『おー』に変えると、笑顔になる」

「えー」は「おー」に変えよう、と日頃から伝えておきます。「体育は雨のため、ほかの教科に変更です」という場面などで使えます。「『えー』が『おー』になって、『え』が『お』になったね、みんなも笑顔になるね」と言うと、「ほんとだ」とみんな笑顔になること間違いなしです。

＼アドバイス／

「体育やりたかったよね、あとでできなかった分の体育やろうね」などと、子どもの思いを全否定することなく、理解、共感し、代わりの案を出すなどして子どもの気持ちに寄り添うことも必要です。

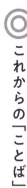

「気持ちは止められない、行動は止められる」

思いは止めることができません。でも、思いは見ることができないので、どんなことを思っていても誰にもバレません。ですが、行動は止めることができます。思ったことをそのまま口にしない努力も、時には必要だということを伝えておきます。

こんな学級をつくりたい

好きなこともやりたい活動もみんな違う、だから、どうしても学校では、「やりたくない」と思うことをやらなくてはいけないときもあります。

せっかくやるなら、「楽しくやろう！」と思ってほしいものです。

「やりたくない」ことでも、前向きな気持ちでやってみたら意外と楽しかったということもあります。「まぁ、やってみるか」の精神は、大人になってからも必要ですね。

ことバリエ 15

授業中に席を離れる子がいるとき

いろいろな背景や子どもの特性など理由は様々で、とても複雑なシーンです。言葉かけ一つで劇的に変わることは難しくても、いろいろなアプローチを知っていれば、その子に届く方法が見つかるかもしれません。

また、家庭との連携もカギとなります。「困っています」ではなく「いい方法があったら教えてください」のスタンスで相談していきましょう。

△ これまでの「ことば」

「席につきましょう」

基本のポイント

- ☑ 教室を出るような場合は、まず居場所を明確にする
- ☑ 家庭との連携を密に
- ☑ 授業のスタイルにも一工夫を

これからの「ことば」

★即興的に伝える

「どこに行くのか、書いて行ってね」

ふらふらと教室から出て行ってしまう場合は、放っておくと大変危険です。教師がすぐに追いかけていけない場合も想定し、白い紙に書いたり、用意しておいたカードを選んだりする約束のもと、居場所をはっきりとさせておくことが第一です。

★「あったかことば」で伝える

「疲れちゃった？」

単純に飽きてしまっているということも考えられます。学級全体で体を動かすような活動を入れたり、背筋を伸ばしたりするだけでも少し気分がリフレッシュします。

ちょっと疲れたなと感じたときのリフレッシュの仕方を、何パターンか教えておくのもよいですね。

ちょっと疲れたよね！
背すじを伸ばしてみよう！

★楽しく伝える

「先生に会いに来てくれたの？」（両手を広げて）

前の方に出てくるようなら、この言葉も効果的。首を横に振りながら席に戻ります（笑）。そのあとで近くに寄って「どうした？」などと個別に声をかけて「あと五分だから頑張ろう」「ちょっと水飲んでくる？」「お絵かきして待っていようか」など、その子の特性に応じて声かけをするとよいでしょう。

じっとしているのが苦手な子ならこんな方法も

＊授業の中に動きを入れて、立ち歩きができる時間をつくる。

＊配達物など、手伝いをお願いする。

不安がある子ならこんな方法も

＊授業の段取りが分かるような掲示物を作って、先の見通しをもてるようにする。

＊ふわふわしたものなど、手元で何か触っていれば安心する場合も。

ひとこと

子どもにとって、45分間じっと座って話を聞くだけの授業はしんどいかもしれません。特別な支援の要る子にとって居心地のよい学級は、全ての子どもにとって居心地のよい学級です。授業スタイルを工夫することは、席を離れる子だけでなく、全ての子どもに効果があります。

ことバリエ 16

授業中に考えを発表してほしいとき

発表するのが苦手な子には「みんなの前で発表するのは恥ずかしい」「自信がない」など、その子に応じた理由があります。そして、教師には「恥ずかしがらずに発表してほしい」「素敵な意見だから発表してほしい」など、願いがあります。

発表を優しく促すような、前向きな言葉を選びたいですね。

△

これまでの「ことば」

「自分の意見が言える人?」

基本のポイント

- 発表スタイルにはいろいろあるのが大前提
- 間違えても大丈夫という温かい学級づくりが必要
- 発表できない子を絶対に責めないで

◎これからの「ことば」

★具体的に伝える

「ノートに書いたことを、隣の人とお話してみよう」

「いきなり発表は恥ずかしいよね、お隣さんと話してみて。ちょっと答えを確認してみようか」など、自信がない子には少しハードルが低くなる方法です。必ずしも、全体の前で自分の意見を発表することが全てではありません。

★「あったかことば」で伝える

「素敵な意見だから、ぜひみんなに教えて」

机間指導をしながら、ノートを見て行き、素敵な考えに出会ったらそっと近くで「発表をお願い」と伝えます。このとき、「発表お願いカード」のようなものを一緒に渡すのも効果的◎

＼こんな方法も／

ICTの活用で、全員の意見を瞬時に画面上で全員が見ることが可能になりました。教科の特性や課題の内容によっては、ICTを活用した方が、意見交換が活発になることもあります。

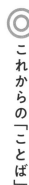

★楽しく伝える

「考えは顔に書いてないから、ぜひ教えてね」

顔に書いてあったら楽なのにね、といつも話しています（「でも顔に書いてあったら怖いよね」というのがお決まりです）。「顔を見ただけでは分からないから、言葉で伝え合うのだね」と伝えています。

こんな学級をつくりたい

必ずしも考えをみんなの前で発表することが素晴らしいというわけではありません。また、「どうして発表しないの」などと責めるようなことを言ってしまっては、逆効果だと思っています。

発表スタイルにはいろいろあってよいのです。ノートに書くのでもよし、グループの中で言うのもよし、友達と一緒にならば発表できるでもよし。全てのスタイルを受け止めましょう。温かな雰囲気をつくり、「発表してみたいな」と、子どもが自分からそんな気持ちになったら、その前向きな姿勢を認め、そっと背中を押してあげたいですね。

考えは顔に書いてない。
だから言葉で
伝え合うんだね！

ことバリエ 17

字を丁寧に書いてほしいとき

いつもいつも丁寧に書く必要はないかもしれません。一人一台端末の導入により、文字を書く機会は減りました。また字を書くことに難しさを感じる子もいます。しかし、お手紙や掲示物などで丁寧に書いてほしいときもあります。ここぞというときに丁寧な字が書けるように、こんな言葉をかけています。

△

これまでの「ことば」

「丁寧に書きましょう」

基本のポイント

- ☑ 具体的な言葉で分かりやすく伝える
- ☑ ここぞというときはどんなときなのか教えておく
- ☑ 教師も丁寧な字を心掛けて

◎これからの「ことば」

★楽しく伝える

「超スーパーウルトラミラクル丁寧に書こうね」

「超スーパーウルトラ……」まで言うと「先生は何を言い始めたんだ？」となります（笑）。さらに、この枕詞は「超スーパーウルトラミラクル上手」などと褒めるときにも使えるので、覚えておくと便利です。

★具体的に伝える

「これ以上は無理、という字で書こうね」

「丁寧に書きましょう」では、具体的なイメージがしづらいものです。「最高級の字」とか「これ以上は無理」「今まで書いた字の中で一番」といった言葉が、具体的なイメージにつながります。

★しっとり語る

「文字の乱れは心の乱れ」

文字には心が表れます。慌てていたり意欲が低下していたりすると、文字が乱れます。気持ちが安定しているときには、整った字を書くゆとりが生まれます。うまい、うまくないということではなく、心を込めて書いているかどうかということは、見てすぐに分かります。そして、丁寧に書いたものは、人の心に届くということも伝えておきたいですね。

こんな子どもに育てたい

人に渡すものなど、心を込めて字を書く場面は、人生において必ずやってきます。そのときに備えて、日々の授業や漢字練習などで字を練習しているのだと思っています。特に、自分の名前は丁寧に書いてほしいと思っています。人生で一番多く書く字と言ってもよいかもしれません。「名前はお家の人にもらった人生最初のプレゼントだよ」などと伝えています。

＼ひとこと／

「〇〇の乱れは心の乱れ」という言葉は、ほかの場面でも使うことがあります。「靴の乱れは心の乱れ」「傘の乱れは心の乱れ」などと使っているうちに、子どもたちも自然とこの言葉を使うようになります。

コラム02

大切にしたい「バランス」

私が学級経営をする上で大切にしていることの一つとして、「バランス」が挙げられます。例えば、「のびのびさせる」ことと「我慢させる」こと、どちらが大切かと聞かれたら、どちらか一方が大切ということではなく、両者のバランスが大切だと思っています。教室には大切にしたい「バランス」がたくさんあります。

①「褒める」と「叱る」

一言で「褒める」と言っても、いろいろな褒め方があります。

細かく褒める、具体的に褒める、すぐに褒める、何度も褒める、言って褒める、書いて褒める、手紙で褒める、掲示して褒める……など。褒めることが多い学校現場で在りたいと思いますが、私は叱ることもします。

褒めるときはおおげさに。叱るときは短く、低いトーンで、静かに、真剣に、しっとりと話すことを心掛けています。

②「ふざけるとき」と「真剣なとき」

私は、冗談を言ったりしてふざけるときも多いです。休み時間だけでなく、授業中に子供たちを笑わせることもあります。

もちろん、いつもそうしているわけではなく、真剣に伝えたいときや、真面目に頑張ってほしいときは、視線や声のトーン、話す速度を変えて、パリっとした緊張感のある雰囲気をつくります。

③「動」と「静」

授業中に大切にしたいバランスです。

席を離れて交流したり、共同作業をしたりする動きのある時間と、鉛筆のカリカリ音や隣の学級の声しか聞こえない静まり返った時間のバランスは、とても大切にしたいバランスです。

④「見逃すとき」と「指導するとき」

矛盾しているようですが、学級の雰囲気やタイミング、時期によって、似たようなことに対しても「見逃すとき」なのか「指導するべきとき」なのかいつも葛藤しています。実は、見逃しているようでスルー（無視）していることもあります。

これが、子どもにとって「不平等」と感じられるものであってはならないので、難しいバランスです。

⑤「のびのび」と「我慢」

子どもらしい子どもでいてほしい。のびのびと自分を表現して、何でも言える雰囲気を大切にしたい。ですが、それがわがままであってはなりません。なんでもあり、ではないのです。集団生活では時に自分の主張を我慢したり、相手に合わせたりしなくてはならないときもあります。しかし、我慢させすぎると萎縮してしまいます。

どちらかだけではきっとだめで、大切なのはバランスだといつも思っています。**どちらが正解ではなくて、大切なのは両者のバランス**なのだと。

実践編

ポジティブことば

2

こと化け

こと化け

●「こと化け」とは

「ことば」＋「化ける」＝「こと化け」

つまり、「日々の言葉を変換する」という意味です。

学校生活では、毎日の授業中や休み時間など、いろいろな場面で教師は瞬時に判断を求められます。

例えば、廊下を走っている子がいるとき、授業中にざわざわしているとき……。

叱った方がいいかな？　優しく伝えようかな？　理由を聞いてみようかな？　など、「どの言葉を使おうかな」と迷う場面は多々ありますよね。

迷う場面こそ、前向きな言葉を選択していきたいと思っています。

前向きな言葉は、子どもたちの心に少しずつ蓄積し、子どもたち同士も前向きな言葉を使うようになりますし、教師自身が穏やかな気持ちで過ごすことにもつながります。

●「こと化け」の種類

①ポジティブ変換

前向きに言い換えをするだけでなく、時には前向きに勘違いをすることもあります。

例えば、給食の時間に、お腹が空いていたので、最初にたくさん量を増やした子がいたとします。途中でお腹がいっぱいになってしまって、結果残してしまった、という場面は小学校ではよくあることです。


「最初にあんなに増やしたからでしょう」と言いたくなるところですが、「最初は食べられると思ったんだよね。うんうん、分かるよ、そんなこともあるよね」と、前向きに勘違いをして、ふんわりと終わりにすることもあります。

②楽しく変換

学校生活では、冗談を言って楽しい気持ちにしてしまう方が時に有効なこともあります。

例えば、整理整頓ができていない子に、「早く片付けなさい」よりも「大変！　強盗が入った？」の方が楽しく片付けができることもあります。いつもそういうわけにはいきませんが、時には冗談を言って軽く流すときがあってもよいのでは、というのが私の思いです。

ことば化け 1

元気がない子がいるとき

みんながいつも朝から元気いっぱい、とはいかないものです。元気が出ない朝もあります。元気ないなぁと気付いていたとしても、そうっとしておいてあげるのも愛情です（温かな無視と呼んでいます）。何か言葉をかけるなら……こんな言葉もあります。

△

これまでの「ことば」

「元気ないね……」

＼アドバイス／

ちょうどよく落ち着いた気持ちで過ごしているという状態の子もいます。「元気？」「元気ないじゃん」などと言われることがプレッシャーになることもあるので、元気でいることを強要しないよう気を付けています。

◎これからの「ことば」

「この○○かわいい！」（持ち物がおすすめ）

ポジティブ変換

元気がないときに「元気ないね」と言われても、どう答えたらよいか分かりませんよね。元気がないことに気付いていないふりをして、あえてまったく違う話題に触れます。

持ち物や文房具など、目の前にあるもので何か気を紛らわすような声をかけてみましょう。そこから笑顔が見られることもあります。

あなたのことを気にかけているよ、ということも伝われば一石二鳥ですね。

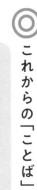

ことば化け
2

ものが落ちているとき

教室にものが落ちていたり、「先生、これ落ちていました」と子どもが届けに来たりすることがあります。名前が書いていないと、そのまま学級の「落としものボックス」へ。そして、時間が経っても持ち主が見つからなくて……ということはしばしばあります。このままだと、落としものボックスもいっぱいになってしまいます。

△

これまでの「ことば」

「これ誰のですか」

＼こんな方法も／

「先生、これ落ちていました」と子どもが落としものを持って来たときには、「それ（もの）が落ちていた近くの子に聞いてみて」と言うようにしています。案外、近くでそれを捜している子がいたりします。

これからの「ことば」

「これ、先生にプレゼント？」

楽しく変換

「これ誰の？」と言っても誰も来ないときは、この一言。

「これ誰の？」には反応しなかった子たちも、「これ、ほしかったんだ。ありがとね」（もちろん冗談です）と言うと、一気に注目してくれます。持ち主がいそいそと「私のです」と名乗り出てくれることでしょう。

それでもしつこく「先生にプレゼントでしょう？　だって名前書いてないよ」などと言えば、名前を書いてくれることも期待できます。

それでも持ち主が不明なときには……「もらっちゃうよ～」と言って落としものボックスへ入れます。「な～んだ、先生もらってないじゃん」と突っ込まれます（笑）。

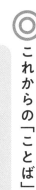

こと化け 3

おしゃべりをやめてほしいとき

授業中にずっと静かにしていてほしいわけではないけれど、「今はおしゃべりしないでほしいな」というときがあります。

静かにしてほしいときに、叱ったり小言を言ったりすることなく、優しくふんわりと私語を止めるにはこの言い方がおすすめです。

△ これまでの「ことば」

「おしゃべりしません」

こんな方法も／

おしゃべりするのが好きな学級ならば、授業の中に「隣の人と」「グループで」「旅に出て誰とでも」など、いろいろな形態で友達と話ができる時間を設けるとよいでしょう。おしゃべりすること自体が悪いわけではないので、授業の中にメリハリがあると◎

◎これからの「ことば」

「今はおしゃべりしなくていいよ」

ポジティブ変換

「〇〇しません」を、「〇〇しなくていいよ」とするだけで、「禁止」から「許可」の形になり、注意されても不思議と嫌な気分になりません。

「後ろ向かなくていいよ」「まだやらなくていいよ」など、いろいろな場面で使うことができます。

ただ、この言葉を何度言ってもおしゃべりが止まらないようなら、「おしゃべり今はやめようか」という言い方もあります。お誘いする形の言い方ではありますが、語尾を強めて言えば効果アップ◎。

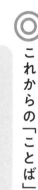

ことば化け 4

授業中に挙手する子がかたよるとき

様々な発表形態がありますが、挙手をさせたい場面もありますし、挙手して発表したい子もきっといます。

そして、それがいつも同じ子ではなく、できれば多くの子に挙手してもらいたいという教師の思いがある場合、こんな伝え方もあります。

△ これまでの「ことば」

「ほかのみんなはどうですか」

＼ひとこと／

挙手することが絶対大切なわけではありませんが、「手を挙げて発表できた」ことが自信になる子も、「挙手してほしい」と願っているお家の方もいます。そんなときには、全員挙手できたね、というシステムがあるとみんなハッピーになれるのでおすすめです。

これからの「ことば」

「自信がない子はおばけでね」

楽しく変換

意見を発表したい子は普通に挙手をします。

多分分かっているけれどちょっと自信がないな、指名してほしくないないなという子はおばけ（手首を曲げて挙手するのを「おばけ」と呼んでいます）で挙げるというシステムです（ほかの挙げ方ももちろん考えられます！）。

そうすれば、全員が挙手することも可能になります（もちろん、挙手することが目的ではないのですが）。

そして、おばけで挙手している子は絶対に指名してはいけません。「おばけで挙げられたね」などと価値付けていき、おばけを卒業して普通に挙手できたときは、大いに褒め、認めてあげましょう。

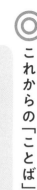

自信がなかったら
おばけでもいいよ～
ススッ
サッ
スッ

ことば化け 5

話し合いを活発にさせたいとき

ペアやグループなど、様々な学習形態があります。また、一人一台端末の導入により、座席に座ったままでも、画面を通して誰とでも意見交流ができるようになりました。

授業の中に動きも取り入れながら意見交換を広くさせたいときには、こんな方法もあります。

△ これまでの「ことば」

「まだ話していない友達と話してみよう」

＼ひとこと／

活動のネーミングも大切です。「自由に動き回ってね」という意味なのですが、「旅に出よう」とすることでなんとなく気持ちが上がります。動きを取り入れることでちょっと授業に飽きてしまった子の気分転換にもなって一石二鳥です。

これからの「ことば」

「旅に出ましょう」

楽しく変換

旅に出るといっても、ノートを持って自由に教室内を歩き回って、話したい子と意見交換をするといった活動です。ペアやグループだと席の近い子だけになってしまいますが、旅に出れば誰とでも話すことができます。また、何人でも集まることができます。時間は三分などと決めるとよいでしょう。

毎回仲のよい子とばかり話してしまうかも……という心配も考えられますが、仲のよい子だから自分の考えを安心して伝えることができる、という子もいます。

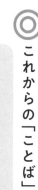

ことば化け
6

友達の発表を聞いてほしいとき

自分の発表は頑張るけれど、友達が発表しているときは上の空……という子もいます。

自分の意見を伝えて満足してしまっているのかもしれませんが、子どもたちの発表は、教師だけに向けた発言でなく、学級全体に向けた発言であってほしいですよね。友達の発表をきちんと聞いてほしいときには、こんな言葉かけもあります。

△

これまでの「ことば」

「今の〇〇さんの発表、聞いていましたか」

＼アドバイス／

「もう一回言える人？」というのも、言い方次第では意地悪をしているように聞こえてしまうかもしれません。

「ちゃんと聞いていてもう一度言えるなんて素晴らしいね」という材料として使いたい言葉です。話を聞くことの習慣化につなげられたらよいですね。

これからの「ことば」

「今の〇〇さんの発表をもう一回言える人は……まさかいないよね!?」

ポジティブ変換

「聞いていたの？」と言うと、なんだか責められているような気分になりそうですが、「もう一度言える人なんて……まさかいないよね？」と尋ねると、「聞いていました！　言えます！」と誇らしげに挙手する子どもの姿が浮かびます。

できていないことに注目するのでなく、できていることに注目したいですね。そしてこの言葉はここぞというときだけ使います。毎回これを繰り返し尋ねていたら授業も停滞してしまいます。聞いていた人が少なそうなときや、もう一度言ってもらいたい素敵な発言や大切な発表のときに限定するとよいでしょう。

もう1回言える人
なんて...
まさかいないよね...!?
スッ
言えます！

ことば化け 7

発表した答えが違っていたとき

道徳のように、意見はいろいろあってよい、という教科の場合は、「そういう考えもあるね」などと全ての考えを認めることができます。しかし算数などのように、答えが一つに決まっている場合、子どもたちの発表したことが間違っているということもあります。

発表した子を傷付けたくない、でも間違っているしどうしよう……と考えてしまいますよね。そんなとき、私はこの言葉を使います。

△

これまでの「ことば」

「ちょっと違うかな」

＼アドバイス／

とはいえ、授業参観などで間違うと本人も恥ずかしいし、教師も「しまった」と思いますよね。そんなときは「なるほど、そう答えてくれなかったら、ここがみんなにとって難しいと気付けなかったよ。教えてくれてありがとう」などと伝えることもあります。お家の方も安心してくださることでしょう。

これからの「ことば」

「超惜しい!!」

ポジティブ変換

惜しくても惜しくなくても、「超惜しい」でよいと思っています。「超惜しい」理由を探すために、どこで間違えたのかはっきりさせた方がよい場合もあります。

しかし、発表した子がさらに恥ずかしい気持ちになってしまう可能性もあるので、さらっと次に進んだ方がよい場合の方が多いかもしれません。

教師が「惜しい」という言葉を使うことで、子どもたちも間違えてしまった子に「惜しい」という言葉を使うようになるでしょう。

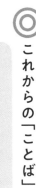

ことば化け
8

発表しない子がいるとき

ノートにたくさん自分の考えを書いているけれど、挙手をしないという子もいます。人前で話すことに苦手意識があるのかもしれませんし、何か恥ずかしい思い出があるのかもしれません。いろいろな表現方法があるので、手を挙げることだけに価値を見出すことなく、地道に頑張っていることに対して言葉をかけてあげましょう。

△

これまでの「ことば」

「できているから自信をもって
発表してごらん」

\ひとこと/

「うちの子なかなか発表しなくて」とおっしゃるお家の方もいますが、「大丈夫、ノートにたくさん考えを書けています」と、できていることに着目して家庭でも褒めてあげるよう伝えましょう。お家の方も「ああ、それでいいんだ」ときっと安心してくださいます。

これからの「ことば」

「ノートにたくさん書いているね！」

ポジティブ変換

挙手をしての発表が全てではありません。自分の考えをノートに書くことで表現している子も認めてあげたいですね。

「ノートに書いてあるのだから発表できるでしょう、それを読めばいいんだよ」などと、つい声での発表を求めがちですが、「コツコツ頑張っているの、見ているからね。神様もきっと見ているよ」などと伝えて、どんな形でもその子なりに頑張っていることを認めます。

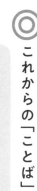

ことば化け
9

ノートに書かない子がいるとき

発表するのは得意だけれど、書くことがとても苦手な子もいます。「みんなと同じように」できなくても大丈夫。「何も書かないのはナシ」「めあてと自分の考えとまとめだけは書く」など、個に応じて書く分量を決めるとよいでしょう。どこまでならできそうか、子どもと一緒に相談しながら進めていきましょう。

△

これまでの「ことば」

「黒板に書いてあることを書きましょう」

＼こんな方法も／

タブレット端末を使ってのタイピング入力なら抵抗感が減るという子もいるかもしれません。教科や学習内容に応じて、タブレット端末かノートかを子どもたちが自分で選べるようにするのもよいですね。

これからの「ことば」

「全部書かなくても大丈夫だよ」

「あったかことば」に変換

ノートは考えの足跡です。黒板に書いてあるからという理由で、何も考えずに全部書き写すのではあまり意味がないと思っています。

もちろん、書きたい子は全て書いてもよいですが、書くことが苦手な子にとって書き写すことはとても苦しい作業になります。これで、教科の学習が嫌いになってしまっては本末転倒です。苦手な子には「これだけは書こうね」など、ノートに残してほしい部分を伝える方法もあります。

ノートは「自分のため」のもので、「先生のため」ではありません（当たり前ですね）。自分が見返したときに、その日の学習内容を思い出すことができれば、蓄積されて財産になります。

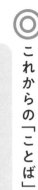

黒板は全部
写さなくても大丈夫ですよ
ホッ
ふり返りは
書いておこう！

ことば化け 10

集中力が切れてしまうとき

45分間の授業を毎日5～6時間。子どもたちがその時間ずっと集中を切らさずに取り組むことは、大変難しいことです。あくびをしたり、だらけていたりする姿を見ると、授業がつまらないからかなと思ってしまうこともありますが、決して自分を責めないでくださいね。

大人でも、少しリフレッシュしたいときがあります。少しのリフレッシュでその後の効率を上げてみましょう。

△

これまでの「ことば」

「集中して取り組みましょう」

＼こんな方法も／

体を動かすリフレッシュのほかにも、3分間だけお昼寝タイム、腹式呼吸で深呼吸、目の体操などもあります。席に座ったまま、短時間でできるものがよいですね。

これからの「ことば」

「ちょっと手の体操をしようか」

楽しく変換

疲れていると感じる子がいるなら、その子以外の子も疲れているかもしれません。全体で少しブレイクタイムをとってもよいでしょう。手をグーパーさせたり、肩の上げ下げや背伸びをしたりするなど、リフレッシュするミニネタをもっているとよいですね。

疲れたと感じたときに、気分を変える方法を知っていれば、家庭学習のときにも上手に気分転換をすることができます。

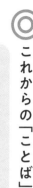

ことば化け
11

大きな声を出す子がいるとき

元気に挨拶をしてくれるのはうれしいけれど、ちょっとボリュームが大きすぎる子、怒鳴っているように聞こえてしまう子は、どのくらいがちょうどよい大きさの声なのか分かっていないのかもしれません。そんな子には、優しく教えておく必要があります。

△

これまでの「ことば」

「そんなに大きな声を出しません」

＼ひとこと／

小さい子ほど、楽しい気分になるとつい声も大きくなってしまいがち。ですが、公共の場でのちょうどよい声の大きさを教えることも大切なことです。グループで話すとき、みんなの前で話すときなど、シーンごとに声の大きさを考えながらみんなで練習するのもよいですね。

◎ これからの「ことば」

「そんなに大きな声を出さなくていいよ」

ポジティブ変換

「大きな声を出しません」（禁止）でもなく、「そんな声出さないで」（お願い）でもなく、「出さなくていいよ」という許可の形です。

こういう元気な子は、悪気がなく大きな声を出している可能性が高いので、「怒っているみたいに聞こえちゃうかもしれないからね、怒ってないのは分かっているけどね」とそっと教えてあげるとよいですね。

また、ちょうどよい声の大きさで挨拶や返事ができたときには、「今の声の大きさ、とてもいいね！」などと価値付けてあげましょう。

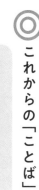

ことば化け 12

テストが時間内に終わらないとき

作業の速さは人それぞれです。ほとんどの子は終わっているけれど、数人が終わっていないという状況はいろいろな場合で起こります。図工の作品や作文などの課題なら「続きはまた後で」と言えますが、テストのときは全員が終わるまで延長するべきかどうか悩みますよね。

△

これまでの「ことば」

「もう少しだけ延長するね……」

＼ひとこと／

「時間が足りなかった」と言われると切なくなりますよね。ですが、受験など人生で大切な場面で、時間の延長はしてもらえません。ちょっと厳しいかもしれませんが、そんな話もします。併せて、「時刻を守ることは大人になってからも大切なこと」というのも普段から伝えています。

◎これからの「ことば」

「時間になったので終わりましょう！」

キッパリ変換

丁寧にやることや最後まであきらめないことはとても大切なことですが、時間内に作業やテストを終えることも身に付けたいことの一つです。

特に、テストだと全員が終わるまで待ってあげたい気持ちもありますが、決められた時刻はしっかりと守ることが、学級の平等性を保ちます。

時間で区切っていったん終わりにし、テスト返却時や返却後に時間を取って全部解けるよう配慮するとよいでしょう。

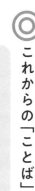

ことば化け 13

テスト直しをしないとき

テストをすると、今の時点で自分は何が分かっていて、何が苦手なのかを客観的に見つめることができます。ですから、テストを返却したときに、間違いがあれば、どこをどう間違えたのか考えてきちんと直してほしいというのが教師の願いです。

正答を赤で書き写すだけだったり、点数を見るだけですぐにテストをしまったりしている子がいるときにこんな話をします。

△ これまでの「ことば」

「きちんと直しをしましょう」

＼ひとこと／

トイレに例えるなんて……と思われると思います。「直しをしないと気持ちが悪い」「直しをしたらすっきりする」という意味の例えで使っているので、その意味も子どもたちに伝え、「あくまでも例え話だからね」と念を押しておくとよいです。

◎ これからの「ことば」

「お直しをしない人は……」

例えて変換

テストはやりっぱなしでは意味がありません。テストをして、どんな問題が苦手なのかを把握したら、間違えた問題の解き方などをもう一度考えて、「そういうことだったのか」と納得してもらいたいと思っています。

「間違いを直さないと気持ちが悪い」と思えるように習慣化するといいなと願って、「お直しをしないのは、トイレの後流さないのと同じだよ〜」などと例えて話したりします。そうすると、「ひぇ〜流さなくちゃ」と言いながら必死に直しをしたり、直しが終わると「あ〜すっきりした」と言ったりする姿も見られるようになります。

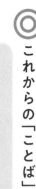

ことばの化け 14

問題行動で家庭に連絡するとき

友達とトラブルがあって、家庭に連絡を入れるという場面があります。「してしまった側」に連絡を入れるときにも、「されてしまった側」と同じように慎重に言葉を選びます。

△

これまでの「ことば」

「……こんなことがあったので、お家でも話し合ってください」

＼アドバイス／

我が子が大切で、心配で、何かされるのももちろん悲しいですが、我が子が誰かに何かをしてしまってもやはり悲しい、というのが親心ではないでしょうか。「困っている」ではなく、「一緒に子どもを育てていきたい」というスタンスで、手を取り合って子どもの成長の伴走者で在りたいですね。

これからの「ことば」

「念のためお知らせしました」

「あったかことば」に変換

保護者の方は、同じ目線で子どもを育てていく、唯一無二の存在です。「困っています」「家庭でしっかり話し合ってほしい」というお願いではなく、「こんなことがあり、こんな指導をしました。こんなふうに解決済みですが、念のためお知らせしました。学校で指導済みですので、お家ではもう叱らなくて大丈夫です。お子さんが何か話したそうなら話を聞いてあげてください」といった報告で伝えるとよいです。

いろいろあって当たり前。学校は本番の舞台ではありません。今いろいろと練習しているときなのです。子どもにもよく伝える言葉ですが、そのままお家の方に伝えることもあります。

念のため
お知らせしました。
ありがとうございます。

ことば化け 15

宿題忘れが続き家庭に連絡するとき

宿題についてはいろいろな見解があると思っています。ここでは、「宿題は必ず提出するもの」としている想定で、提出忘れが続いている場合とします。

宿題は本来子どもとの約束なので、家庭に連絡を入れることではないかもしれませんが、場合によっては家庭に連絡が必要なこともあります。また、低学年では家庭との連携も大切になります。

△ これまでの「ことば」

「最近、宿題が提出できていなくて……」

＼アドバイス／

宿題の量は本人と相談して決めるのが一番だと思います。どれくらいならできそうか相談し、そのことを保護者の方と共通理解しておくとよいでしょう。

これからの「ことば」

「……と思っていますが、いかがですか」

ポジティブ変換

宿題が提出できていないという事実だけだと、保護者の方を責めているような言い方になりかねません。また、「宿題やってないの？」「先生から連絡来たよ」「ちゃんとやりなさい」などという、その後の家庭内での会話が想像されます。これでは前向きな解決方法にはなりません。

事実を伝えた上で、「お家で困っている様子がありますか」と家庭での様子を尋ねたり、「負担になっているのなら、量を半分にしようかと思いますが、いかがですか」と提案したりするプラスの一言があるとよいですね。

もしかしたら、家庭内で落ち着いて学習に取り組めない状況があるのかもしれませんし、宿題の量に負担があって、学びに向かえないのかもしれません。いろいろな背景を想像した上で、家庭に連絡を入れるとよいでしょう。

そういえば…
お家で困っている様子はありませんか？

こと化け 16

席替えをするとき

席替えは、子どもたちにとってビッグイベントの一つです。一年間で何回席替えをしているでしょうか（私は月に一回程度と決めています。「毎月○日は席替えの日」などと伝えておけば、「先生、いつ席替えするの～」という質問が減るかもしれませんね）。

席替えをお楽しみのビッグイベントという位置付けだけで終わらせないように、私は席替えをする理由を毎回必ず伝えています。

△ これまでの「ことば」

「席替えをします」

＼ひとこと／

席替えの直前には、近くの友達に「お世話になりました」と言ってから席を移動します。そして席替えの直後には、近くになった友達に「よろしくお願いします」という挨拶を毎回するようにしています。握手をしたりハイタッチをしたりする子もいて、見ているこちらがほんわかします。

これからの「ことば」

「どうして席替えをするのか、分かる？」

「考えことば」に変換

私の場合、席替えをする理由は二つです。

一つ目は、「いろいろな友達の近くになるように」です。席替えをすることで、今まであまり話したことのない友達の近くになれば、その子のことを知るきっかけにもなります。

二つ目は、「いろいろな場所に行くように」です。席が前の方ばかりだったり後ろの方ばかりだったりということがないように、公平性を保つために席替えをしています。

その理由を毎回確認してから、席替えをします。「もう知っているよ」と言われながら……（笑）。

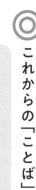

ことば化け
17

じゃんけんで何かを決めるとき

例えば、何かを決めるときや、給食のおかわりなど、話し合いではなく公平にじゃんけんで決めたいという場面は、学校生活の中でよくあることです。重要なことなら話し合いの方がよいこともありますが、誰でもよいという場面では、じゃんけんが最も速く決めることができますよね。

△

これまでの「ことば」

「じゃんけんするよ〜」

＼アドバイス／

じゃんけんのほかにも、くじびきなどの手段もありますが、こちらも「誰からくじを引くのか」という問題があります。教師にとっては些細なことでも、子どもにとっては重要なこともあるので、一つ一つ丁寧に確認していくことがトラブルを防ぎます。

これからの「ことば」

「じゃんけんでいい？」

慎重に変換

そもそも、じゃんけんでよいのかどうか、じゃんけんでよいとみんなが納得しているのかどうかを確認します。じゃんけんをした後で「じゃんけんしたくなかった」などというトラブルを防ぐためです。

また、順番を決めるようなじゃんけんの場合、「勝った人から」なのか「負けた人から」なのかも、重要です。じゃんけんをしてからではなく、「どちらが先なのか」も確認してからじゃんけんをします。

たかが、じゃんけん。されど、じゃんけんです。

大切なのは、じゃんけんに参加する人全員が納得してから、じゃんけんをすることです。

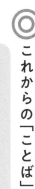

こと化け 18

自習になるとき

出張などで自習にしなくてはならないときがあります。担任がいないときに、子どもたちがけがをしたり、喧嘩をしたりすると心配ですよね。代わりに来ていただいた先生方に迷惑をかけないようにと、あれもこれも伝えたくなるのですが、そんなときこそ、一言で心に残る言葉を選びたいものです。

△

これまでの「ことば」

「けがのないように、仲よく過ごしましょう」

＼ひとこと／

ちなみに、三つ目はありません（笑）。そのときの学級の雰囲気で臨機応変に変えています。翌日に「結婚」「消しピン」「仮病」「毛虫に刺される」など、子どもたちが口々に、自分たちで考えた「けから始まる言葉」を伝えてくれます。「なるほど、それもそうだね」などと受け止めながら、三つ目の「け」をみんなで決めるのもよいですね。

◎これからの「ことば」

「三つの『け』がないように過ごしましょう」

クイズで変換

三つの「け」の一つ目は、「けが」です。安全第一です。まずはけががないようにと伝えます。

二つ目は、「けんか」です。留守の間に大きな喧嘩があると悲しいです。けがにもつながるかもしれませんし、仲よく過ごしてほしいですよね。

そして三つ目ですが、「あ、もう行く時間なので、続きは明日」と、三つ目を伝えずに出かけます。子どもたちは三つ目を考えながら過ごし、次の日は朝から「先生、三つ目の『け』って何だったの？」と盛り上がること間違いなしです。

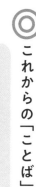

コラム 03
教室で使わない「ことば」

①「早く」

「早く○○しなさい」「早く○○して」など、子どもを急かすような言葉のことです。早くしてほしいときは、「頑張って！」と言います。意味はあまり変わらないかもしれませんが、「早く」は言わないように気を付けています。急かされたら嫌ですよね。そして、「早くしなくちゃ」ときっと本人が一番よく分かっているでしょうから。

②「分かった？」

お説教をした後などに「分かった？」と聞いてしまいたくなることがあります。分かっていても分かっていなくても、教師が「分かった？」と尋ねれば、きっと子どもは「うん」と頷くでしょう。それでは意味がないと思うのです。

「分かった？」という確認は、教師の都合であって、後日「あのとき、分かったって言ったよね？」なんて言ったりしたら、さらに子どもを苦しめてしまいかねません。

分かったかどうかは、言葉では確認することができないと思っています。

お説教の後は、**「これからの行動で見せてね」と締めくくる**ことが多いです。

③「何回言えば分かるの？」

「まったくあなたって子は仕方のない子ね」というように聞こえてしまいかねません（もちろん、そんなつもりはなくても）。

何回言っても分からない子もいます。**何回でも言ってあげればよい**と思うのです。

④「お家の人に言います」

この言葉を聞くと心が痛くなります。「〇〇先生に来てもらいます」なども同じです。子どもを脅かしているように聞こえてしまいます。この言葉では何も解決しません。

必要があれば、電話でも訪問でも、家庭に連絡をすればよいのであって、子どもに予告する言葉ではないと思っています。

⑤「なんで」

「なんでできないの」

「なんでこんなことするの」

「なんで分からないの」

というときの「なんで」です。

そんなことは、きっと子どもにも分かりません。なんででできないのか、なんでそんなことしてしまったのかを尋ねるよりも、「何がいけなかったのか」「これからどうすればよいか」を一緒に考え、必要に応じて教えていくのが、私たちの仕事です。

ここに挙げた言葉が全て良くない言葉、言ってはいけない言葉というわけではありません。関係性やシチュエーションにもよりますし、言葉の裏には、さまざまな背景があると思います。

私の判断基準として、我が子が言われたら悲しい言葉と、保護者がいるときに使わない言葉は、普段から絶対に言いません。そう、心に決めています。日々、子どもたちに対して教室で使っている「ことば」が、だれかを傷つける「こと刃《ば》」になりませんように。

実践編

ポジティブことば

3

ことギフト

ことギフト

●「ことギフト」とは

「ことば」＋「ギフト」＝「ことギフト」

つまり、「言葉の贈り物」という意味です。

学級の子どもたちとの出会いは、一期一会です。縁あって出会えた子どもたちに、私たちは何を伝えることができるだろう、といつも思っています。それは、教師としてというより、一人の人間として。大人として。「先」に「生」まれた者として。

伝えたい言葉は、たくさんあります。何かあったときだけでなく、教師が大切にしている言葉や、これから大人になる子どもたちへ覚えておいてほしい言葉など。

伝えた言葉が子どもたちの心に残り、経験を栄養にしながら子どもたちに咀嚼され、子どもたちの人生を支えてくれるものであってほしいと願いを込めて「ギフト」と名付けました。

●「ことギフト」の種類

①学級経営の軸となる言葉

年度始めや年度末、行事の前後などの語りには、まさに教師が学級経営で大切にしていることが表れるのではないでしょうか。そのような言葉は教室に掲示していってもよいでしょう。一年間を通して贈り続ける言葉は、温かくやわらかい言葉であってほしいですね。

②教師自身が大切にしている言葉

朝の会などで紹介する言葉の贈り物です。私自身が、様々な書籍や諸先輩方からいただいた言葉でもあります。何かあったときよりも、何もないときに、「先生が好きな言葉、紹介するね」などと贈ることが多いです。全員に響く言葉ではなくても、一部の子に響く言葉をたくさん贈るうちに、誰かしらの心に何かしらの言葉が残ってくれるものだと信じて、私は贈り続けています。

③形にして贈りたい言葉

ノートへの一言や、子どもたち同士の寄せ書き、卒業アルバムのメッセージなど、文字という形にして贈る言葉も紹介しています。

ことギフト 1

年度始めに贈りたいことば①

先生が叱るとき

私が叱るのは次の三つのときです。
一、命に関わるとき
二、いじめに関わるとき
三、同じことを三回言われても直そうとする意志が見られないとき
三つ合わせて「いのち」「いじめ」「けじめ」と覚えてくださいね。

「先生が叱るとき」というのを年度始めに話した方がよいかどうかについては、いろいろな意見がありますが、私は伝えています。その理由は大きく三つあります。

♥理由①　軸をもって学級経営をするため

年度始めに決めておくことで、この三つは絶対にいけないこと、という軸を示すことができます。

子どもたちとの出会いで、たくさん伝えたいことはありますが、まず最重要事項としてこの三つを示すことで、「私が絶対にいけないと思っていることはこれ」と、伝えることができます。

♥理由②　子どもたちの安心感のため

子どもたちは、できれば「先生に叱られずに」生活したいと思っています。

年度始めに、「先生が叱るとき」を伝えておけば、子どもたちが「今年の先生はどんな先生かな」ということが分かるとともに、「このことをしなければ叱られないのだな」と安心して生活をすることができます。叱られないことがよいこととというわけではありませんが、みんなの前で叱られるかもしれないと思いながら生活するより、**のびのびと自分を表現しながら安心して生活してほしい**と思うのです。

♥理由③　自分への足枷として

この三つを示すということは、これ以外の場合は叱らない、ということです。忘れ物が続いても、多少教室がざわざわしても、給食の準備に時間がかかっても。そういった意味での、自分への足枷です。

ちょっと疲れている日、少しのことで強い口調になってしまいそうになることもあります。そんなときも、「この三つ以外は叱らない」と子どもたちと約束をしておけば、自分を律することができます。

ちなみに……

「叱るとき」について話さなくてもよいですし、「叱るとき」はこの三つでなくてももちろんよいです。私は、一つ目と二つ目は毎年同じですが、学年の実態や発達段階に応じて、三つ目がなくなったり変わったりします。三つ目は「嘘をついたとき」「自分勝手な行動で周りに迷惑をかけたとき」「素直さがないとき」といったものがこれまでにありました。毎年年度始めに、何を伝えるのかを考えることは、自分が学級経営する上で何に重きをおくのかを見つめ直すきっかけにもなります。

私はこうしています

「先生が叱るとき」だけでなく、「こんな学級にしたい」というスライドを作成しておきます。年度始めだけでなく、二学期の始め、三学期の始めにも伝えることができます。そのときに「覚えている！」という声があがったらうれしいですね。一年間のしめくくりでも、「先生はこんな話をしたよね」と振り返りに活用できるかもしれません。また、後述の学級懇談会でも、保護者用に少しリメイクすれば活用することができ、一度作成すると何度も活躍するスライドになります。

ことギフト 2

年度始めに贈りたいことば②

三つの願い

みんなに、一年間大切にしてほしい三つの願いをお話します。
一、当たり前のことを当たり前にやろう
二、今できていることは、ずーっと続けよう
三、よいと思うことは、どんどんやってみよう

♥当たり前のことを当たり前にやろう

何かをしてもらったら「ありがとう」、人を傷付けることをしてしまったら「ごめんなさい」、ごみが落ちていたら拾う、小さい子が困っていたら助ける……。

数え上げたら細かいことまでたくさんあります。当たり前のことを当たり前にやり続けることは、

簡単ではありません。そして、「当たり前」と思っていることは人によって違うこともあります。「教室移動のときは椅子をしまう」「廊下は静かに右側を歩く」など、伝えないと分からないことは、その都度教えます。そうして「学級の当たり前」をそろえていくとよいですね。

そして、靴をそろえたり提出物をそろえたりなど、ほんの小さなことと思われることでも、きちんとできているときには、認め、褒め続けるのもまた、教師として「当たり前のことを当たり前にやる」ことだと私は思っています。

♥今できていることは、ずーっと続けよう

出会いの四月には、子どもたちはとっても頑張ります。心機一転頑張りたい子もいますし、先生に褒めてもらいたくて頑張る子もいます。しかし、五月連休明けごろになると、四月にできていたことができなくなることがあります。

そうなることを見越して、「今できていることは、ずっと続けてほしい」ということを年度始めに伝えておきます。できなくなってから、「四月はできていたのに」と言うのは、どうも後味の悪い言葉に聞こえます。ですから、**できているときに伝える**のがポイントです。

五月になってもできていたら「四月にできていたことが、五月になってもできているね。これは本当にすごいことだよ!」と盛大に褒めてください。

❤よいと思うことは、どんどんやってみよう

子どもたちには、「自分たちの学級は自分たちの手でよりよくする」という気持ちをもってほしいと思っています。「先生が言ったからやる」「先生に言われていないからやらない」といった受動的な態度ではなく、「よいと思うことにはどんどん挑戦してほしい」と思っています。そのための後押しは最大限やります。

チャレンジの中で失敗することもあるでしょう。小さな失敗をたくさんしていいと思っています。失敗しないように支援をすることも必要なときがあると思いますが、小さな失敗から、大きな何かを学ぶこともまた必要です。そして何より、「チャレンジしたその気持ちが素晴らしい」のです。結果だけでなく、その過程や意志を尊重してあげたいですね。

よいことってなんだろう……と、何をやったらよいか分からないという子もいるでしょう。朝の会や帰りの会などで、「今日、〇〇さんが、図工の片付けのときに自分のごみではないのに、教室に落ちているごみをさっと拾ってくれました。よいと思うことをやってくれて本当にうれしかったです。みんなも、よいと思うことはどんどんやってみよう」などと話すことで、「そういうことでいいのか」というヒントになるでしょう。

私はこうしています

「三つの願い」については毎年教室に掲示しています。どんな話もこの三つに集約されると思っています。よいこと（できていること）も、よくないこと（できていないこと）も、この三つに関連させながら伝えたり語ったりすることが多いです。

こんな言葉もおすすめ

小さいことを積み重ねることが、とんでもないところへいくただ一つの道。

（イチロー）

「続ける」ことは、とても難しいことです。このイチロー選手の言葉は、近道はないのだということを教えてくれます。だからこそ、続けることができている子は、何度でも褒めて、その頑張りを認め、価値付けていきましょう。

ことギフト
3

懇談会で贈りたいことば（保護者向け）

年度始めの懇談会の内容

一、子どもたちの様子
二、こんな学級に（「先生が叱るとき」「三つの願い」も含む）
三、保護者の方へ一言

四月に授業参観とともに、学級懇談会が予定されている学校も多いのではないでしょうか。何を話したらよいのか、悩みますよね。

当日までに「行ってみたい」と思うようなレジュメを配布しておき、当日は、保護者の方々に安心していただける材料と、「来てよかった」と思われるような一工夫を用意しましょう。

❤子どもたちの様子

学級の子どもたちの雰囲気や素敵なところを中心にお話しします。写真を撮りためておくと、提示しながら話すことができ、保護者も自然と笑顔になります。私は、行事の写真だけでなく、授業中にグループ学習をしている様子、休み時間や給食の様子など、**日常の中で友達との関わりが分かる写真**が好きです。

また、具体的なエピソードで、教師が子どもに伝えた言葉などもそのまま伝えると、教師への親近感も高まるでしょう。

（例）
とても素直な子どもたちで、褒めれば褒めるほど伸びていきます。先日も、ある子のノートを褒めたら、ほかの子どもたちも「見て見て」と頑張って書いたノートを見せに来てくれました。素直な子は、伸びます。「一年間そのまま、変わらずにいてね」と話をしているところです。

❤こんな学級に

年度始めの子どもたちへの語りのためにスライドを作成済みの場合は、同じものを見せてもよいでしょう。

「子どもたちに見せたものと同じものをお見せしますね」と言えば、リメイクする必要もありません（子どもに向けた言葉をそのまま見せることができるのも効果的だと私は思います）。

スライドがない場合は、学級経営をする上で教師が一番大切にしていることや、教師の好きな言葉（座右の銘）を話します。これは毎年同じでもよいと思います。何年生を担当したとしても、教師が大切にしていることは同じだったりしますよね。


（例１）

私が大切にしている言葉は、「人は言葉を浴びて育つ」です。子どもたちに毎日投げかける言葉が温かいものであれば、子どもたちの心も温かくなると信じています。

（例２）

私が、学級づくりで一番大切にしているのは、「みんな違ってみんないい」ということです。学級にはいろいろな子がいます。お互いの違いや個性を認め合い、温かい学級をつくっていきたいです。

（例３）

私が小学校の先生になった理由は、子どもが好きだからです。子どもたちが笑顔で毎日学校に来て、「あぁ、楽しかった」と笑顔で下校できるような、そんな教室をつくっていきたいです。

❤保護者の方へ一言

「いろいろとこちらからお願いすることも多いと思いますが」「至らない点も多いと思いますが」とついついへりくだって締めの言葉を言ってしまいがちです。その言葉も決して悪くありません。謙虚さが伝わります。そこに、**印象に残るポジティブなひとことを付け加えるとよい**でしょう。

（例1）
これから始まる一年間をとても楽しみにしています。「あら？」と思われることは、遠慮なくお知らせください。私も言われて初めて気が付くこともあります。子どもたちと一緒に私自身も成長していけるように、一生懸命頑張ります。

（例2）
まだ始まったばかりですが、優しくて明るい子どもたちから元気をもらって私自身毎日とても楽しい日々を過ごしています。これもお家の方々のおかげだと思っています。一年間かけて、私も子どもたちの心に何かを残せるように、一日一日を大切に頑張ります。

子どもたちのことを大切に思っている、お家の方と一緒に歩んでいきたいと思っている、という謙虚さや前向きさが伝わる言葉を考えておくとよいですね。

ことギフト
4

食べ物を大切にしてほしいときに贈ることば

「いただきます」は「命をいただく」ということ（永六輔）

最近あなたは、
「いただきます」を
いいましたか？
「いのちに感謝」
みやざきブランド推進本部
［宮崎県・JA宮崎経済連］

「いただきます」を
忘れていませんか？
「いのちに感謝」
みやざきブランド推進本部
［宮崎県・JA宮崎経済連］

「みやざきブランド推進本部」ホームページより

♥いただきますの意味

写真は「みやざきブランド推進本部」のポスターです。平成十六～十七年にかけてCMで放送されていました。「食」に関する授業をするにあたり、このポスターを使用したいと思い、宮崎ブランド推進本部に電話をかけ、送ってもらい、授業の教材として活用させていただきました。

下のポスターの「いただきます」の部分を隠して提示し、「この部分にはどんな言葉が入ると思う？」と尋ねます。二枚セットで提示すると、下のポスターには「ごちそうさま」が入ると思いがちですが、ここには「いただきます」が入ります。そこで「いただきます」とは「何をいただくのか」という話し合いにつなげます。このような魅力的な教材との出会いは、子どもたちの心に響きます。

♥「馳走」は「食べ物を準備するために走り回る」こと

「ごちそうさま」の語源にまつわる話をするのもよいでしょう。

「馳走（ちそう）」とは、元来、「走りまわる」「馬を駆って走らせる」「奔走（ほんそう）する」ことを意味する。さらに、用意するためにかけまわることから、心を込めた（食事の）もてなしや、そのためのおいしい食物といった意味が、中世末から近世始めにかけて生まれた（Wikipediaより）。

駆け回っているのは誰でしょうか。植物を育てている人？　動物を飼育している人かもしれませんし、加工する人、料理を作る人かもしれません。私たちのところに食料が届くまでにいろいろな人が携わっています。そんなこともみんなで考えると、具体的にイメージができるかもしれませんね。

♥ちなみに……

「いただきます」「ごちそうさま」の語源には諸説あります。どれが正しいかではなく、子どもが納得できるような説話をもっているとよいでしょう。「先生はこう思っているよ」と、**自分の言葉で語れるようにしておく**とよいと思います。

給食指導で大切にしたいこと

残さず食べる、静かに食べる、席を立たない、感謝の気持ちで食べる、時間内に食べきるなど、一言で給食指導と言っても、大切にしたいことがたくさんありますが、あまりあれもこれもとよくばらずに、**楽しい時間にしていきたい**ですね。

ちなみに、私が一番大切にしていることは「**自分の適量を知っておく**」ことです。適量を知っていれば、配膳されたものが多いと感じれば、いただきますの前に減らすことができます。自分の適量を知り、目の前にある自分の分量を残さず食べきることが、感謝の気持ちをもって食べるということだと思っています。適量は人それぞれ違います。自分が食べきれる量を知っておくことは大人になってからも大切なことですね。

ことギフト 5

入学式に贈りたいことば

三つの「あ」の話

一、あんぜん
二、あいさつ
三、ありがとう

入学式では、六年間の小学校生活で大切にしてほしい三つの「あ」についてお話します。家に帰ってから、お家の方と振り返りができるように、短く覚えやすい言葉にするのがポイントです。

❤あんぜん

「行ってきます」と家を出てから「ただいま」と家に帰るまでの間で、一番大切なことは「安全に家に帰ること」です。通学路で危ないところはないか、家の人と確認して、気を付けて登下校しましょう。

❤あいさつ

挨拶は、人と人をつなぐ言葉です。「おはようございます」「行ってきます」など、たくさんの挨拶があります。相手に聞こえる声で、気持ちが伝わるような挨拶が言えるとよいですね。

❤ありがとう

「ありがとう」は、言われた人だけでなく、言った人もうれしくなる言葉です。してもらって当たり前、ではありません。感謝の気持ちをもって生活しましょう。

ちょこっと気を付けたいこと

入学したての一年生には、覚えやすく短い言葉で端的に伝えるのが効果的です。特に、入学式の日は、疲れも出ています。いろいろと伝えたいことはありますが、最初に全部伝えようとせず、一年間かけて、じっくり伝えていけばよいと思います。

「慌てない、慌てない」(一休さんの言葉)ですね。

ことギフト
6

朝の会で贈ることば①

はきものをそろえる

はきものをそろえると　心もそろう
心がそろうと　はきものがそろう
ぬぐときにそろえておくと　はくときに心がみだれない
だれかが　みだしておいたら　だまってそろえておいてあげよう
そうすればきっと　世界中の人の心もそろうでしょう

藤本　幸邦（長野県円福寺元住職）

❤そろえるとは

そろえられるものは全てそろえたい、と思っています。

提出するノートやプリントの向きがそろっていると、そこに「気遣い」が見えます。

机や椅子がきれいにそろっていると、そこに「規律」が見えます。

はきものがそろっていると、そこに「心の穏やかさ」が見えます。

こちらの詩を印刷、ラミネートして下駄箱に掲示しておくと、子どもたちの目に留まります。その際に、きれいにそろっている状態の写真も添えておくとよいでしょう。「そろっていると気持ちがよい」という状態になるとよいですね。

私はこうしています

はきものが乱れているときに話すよりも、はきものがそろっているときに話す方が効果的だと思っています。実は、私は子どもたちが帰った後にそっと全員分のはきものをそろえておくこともあります。朝登校してきたときに「きれいな状態」の方が気持ちよいですし、その状態を「いつもの状態」にしたい、という気持ちを込めて。

ことギフト 7

朝の会で贈ることば②

挨拶は「あなたに心を開いています」という意味

♥「挨拶」の語源を伝える

禅宗で問答を交わして相手の悟りの深浅を試すことを「一挨一拶」と言い、「挨拶」とは、その言葉に由来するそうです。「挨」には「押し開く」「互いに心を開いて近づく」、「拶」には「迫る」「擦り寄る」といった意味があります（高野登『絆が生まれる瞬間』より）。

つまり、挨拶は「あなたに心を開いています」という合図なのです。

「あ」明るい声で
「い」いつも
「さ」（自分から）先に
「つ」（これからも）続けよう

このような合言葉がある学校もあるかと思います。「心を開いている」合図だからこそ、明るい声で、自分から先に心を開こうということなのかもしれませんね。

挨拶に限らず、その言葉の語源や由来について話したり調べたりすると、今まで何気なくしていた行為や使っていた言葉に、改めて命が吹き込まれる感じがします。

こんな方法もおすすめ

「どんな挨拶をしたい？」「どんな挨拶が素敵だと思う？」などと、挨拶について一時間しっとりと考える時間があってもよいでしょう。

「心を込めて言う」「笑顔で」「相手に聞こえる声で」など、学級で何か一つ具体的な目標を決めて取り組んでみてもよいですね。

ことギフト 8

朝の会で贈ることば③

「今」は英語で「プレゼント」

♥Presentとは

presentとは、「贈り物」「現在」「出席する」「提出する」「発表する」「存在する」などの意味を持っている英単語である（weblioより）。

人生は、「今」の積み重ねです。
今の一瞬一瞬が未来を、人生をつくっています。
だから、「今」が大切なのです。
「今」この瞬間は、神様からのプレゼントだという話をします。

だから、今この瞬間を大切に生きよう。

今を大切にすることが、自分の人生を大切にすることにつながります。

こんな言葉もおすすめ

何か大きなことを成し遂げた日も、何もせずにむなしく終わった日も
同じ価値ある一日だったと思える自分で在りたい。

「今を大切に生きよう」と言われると、何も成し得なかった日に罪悪感を感じてしまうこともあるかもしれません。しかし、この言葉は、どんな日も同じ価値ある一日であるということを教えてくれます。私たち大人の心に留めておきたい言葉です。

ことギフト 9

帰りの会で贈ることば

今日素敵だったこと、三つ言います！

❤「笑顔で帰す」が最優先

帰りの会は一分でも早く帰りたい。というのが子どもの本音ではないでしょうか。

帰りの会で、「今日気になったこと」（つまり、お説教）をしてもほとんど聞いていない（早く終わって〜と願っているに違いない）と思っています。そして、聞いていない様子を見てイライラしてしまう……となってしまってはは負のスパイラルです。

帰りの会は、笑って終わりましょう。

ちょっと言いたいこと（つまり、お説教）がある場合、一晩寝かせて、落ち着いて、それでも言う必要があると思えば次の日の朝に伝えましょう。朝からお説教なんてと思うかもしれませんが、大切な話ならなおさら、帰りの会より朝の会の方が効果的です。

帰りの会は、「今日よかったこと」「みんなが頑張っていたこと」「素敵だったこと」を明るく短く話して終わりましょう。

「あー楽しかった」で終わって、笑顔で帰すこと。これが何より大切です。

こんな方法もおすすめ

「先生の話、先生お願いします」などと当番の子が帰りの会を進行することが多いと思います。私は、「ありません！」と言うこともあります（笑）。話すことがなければなしでもよいのです。

また、「大切な話があります」と深刻な顔をして前に立ち、間を置いて……「気を付けて帰りましょう！」と言うこともあります。子どもたちに「なーんだ」と笑われたりしますが、気を付けて帰ることは、何より大切なことですよね。

ことギフト
10

行事の前に贈ることば

「努力」は足し算。「協力」は掛け算。

（東海林佳奈）

♥努力は積み重ね、協力は？

とても好きな言葉です。一年間掲示していた年もありました。

努力はこつこつと積み重ねていくもの。だから足し算になります。結果ではなく、その過程のことを指しているので、努力は確実に積み重なっていくものです。

では、「協力は何算だと思う？」と尋ねると大体察しがつきます。協力は掛け算です。

二人なら二倍、三人なら三倍、と増えていきます。

「三人寄れば文殊の知恵」「一致団結」など、協力の大切さを説いた言葉はたくさんありますが、この言葉は子どもたちの人生において、覚えていてほしい言葉です。

例えばこんな伝え方も

大きな行事の前や練習中など、みんなの努力や協力が必要なときに話します。運動会の練習中なら、こんな伝え方があります。

（例1）
「今日のダンス、昨日に比べて一つ一つの動きが正確で、すごく上達したね。一人一人が練習を積み重ねたからだね」……努力は足し算
（例2）
「みんなのダンス、動きがそろっていて、とっても素敵でした。三十人で三十倍のパワーを感じたよ。一人ではこの迫力は出せないよね」……協力は掛け算

ことギフト
11

子どもたちに贈りたいことば①

自分の機嫌は自分でとる　（ANZEN漫才・みやぞん）

ご機嫌でいるということ

「フキハラ」という言葉がSNSなどで見られるようになりました。
フキハラ=不機嫌ハラスメント
つまり、不機嫌な態度をとることで、周りに不快な思いをさせること、のように使われるようです。

機嫌が悪い人の近くには寄りたくないなというのが本音ですよね。そして、そんな人にはなりたくない、というのも本音です。でも、疲れていたり何かうまくいかないことがあったりすると、不機嫌になってしまうこともあります。そんなときは、この言葉を思い出して、「自分の機嫌は自分でとらないと」と、私も気を付けています。

ご機嫌力を大切にしたいです。

どんな瞬間も、かけがえのない「今」なのですから。

こんな伝え方もおすすめ

「自分の機嫌は〇〇でとる」のように黒板に書いてクイズのようにしてもよいですね。こういう話をすると、子どもたちは「誰のこと？」のように詮索するかもしれませんが、誰がとか、何かがあった、とかではなく、「ちょっとみんなにいい話するね」「いい言葉紹介するね」などと話すとよいでしょう。そして「先生も気を付けるね」などと結びます。

ことギフト
12

子どもたちに贈りたいことば②

みんな違うから、楽しい

みんな違ってみんないい

「周りを見回してみて。(間をあけて) 同じ顔の人いる?」と言うと、大体子どもたちは「いるわけないよ~」と言いながらみんな笑います。顔が違うように、性格も違うのです。好きなものも違う、得意なことも違う……。当たり前の話ですね。

「みんなちがってみんないい」。金子みすゞさんの詩を紹介してもよいでしょう。みんな違うから、楽しいのです。昆虫に詳しい子、あやとりが上手な子、鉄棒で何度もくるくる回れる子、早口言葉が得意な子、面白いことが好きな子、本が好きな子……。

みんな違うから、自分が知らないことを知ることができます。自分ができないことを誰かに助けてもらえます。そして、自分ができることで誰かを助けてあげることもできるのです。違うのは素敵なことです。違うから、楽しい。人生は、楽しい。

こんな方法もおすすめ

一度朝の会などで伝えた話は、折に触れて伝え続けると効果があります。「みんな違うんだね、楽しいね」などと、一度価値付けた言葉は何度もいろいろな角度から伝え続けていきます。そうして何度も伝え続けることで、その言葉が子どもの心に浸透していくと思っています。

気を付けたいこと

「みんな違っていい」と伝えるからには、みんなよりちょっとのんびりな子も、みんなと同じように話すのが苦手な子も、みんなみんな認められ、大切にされる教室であってほしいですね。言葉だけが一人歩きしませんように。

ことギフト 13

子どもたちに贈りたいことば③

鏡は先に笑わない

（中野靖彦）

♥人間関係づくりに

この言葉を伝えると、「え！　当たり前だよ～」と子どもたちは笑います。そう、当たり前だよね、と言いながら、話を始めます。

鏡の中の自分は、自分の動きと同じように動きます。自分が目を瞑れば鏡の中の自分も目を瞑ります。自分が笑えば、鏡の中の自分も笑います。人間関係とよく似ていますよね。自分がいつも不機嫌でいれば、すぐ近くにいる友達も不機嫌になってしまうかもしれません。

友達に笑っていてほしければ、まず自分が笑顔になりましょう、という意味でこの言葉を子どもたちに伝えています。

こんな伝え方もおすすめ

「〇〇は先に笑わない」とクイズのように黒板に書いて提示します。「友達？」「先生？」などと子どもたちが答えます。「鏡」という言葉はなかなか出てきません。「鏡だよ」と言うと、「えー！　当たり前だよ～」と笑いますが、意味を伝えると、静かになって一人一人が考えている姿を見ることができます（言葉の意味を咀嚼している姿、と捉えています）。その後に「あ～なるほど」といった表情を見ると、伝わったんだなと感じることができます。この静かになるひとときが、私は好きです。

気を付けたいこと

いつも笑顔でいなければいけない、ということではありません。つらいときや悲しいとき、体調が優れないときなどもあるでしょう。相手に気をつかって、いつもにこにこしていなければいけない、という意味ではないので、笑顔を強要する言葉となりませんように。

ことギフト 14

子どもたちに贈りたいことば④

一人でも、やる

❤一人でいる勇気

正しいと思うことは、たとえ一人でもやる。そんな勇気をもってほしいと願っています。

小学校高学年くらいになると、集団の心理が働き、友達がやっていないことを一人でやる勇気、一人になる勇気がなくなる傾向にあります。発達段階上、仕方のないことです。それでも、この言葉を贈りたい、と私は思います。

今は分からなくても、いつかこの言葉の意味を考える日が来ることを願って。

♥ファーストペンギン

「ファーストペンギン」とは、集団で行動するペンギンの群れから、天敵がいるかもしれない海へ、魚を求めて最初に飛び込むペンギンのことです（Weblioより）。

私の母は私の娘が幼いころ、娘に「ファーストペンギンになるのだよ」とよく話していました。「誰もやっていないことでも、先頭を切ってやる、たくましい子になってほしい」という意味だと捉え、私も娘にそのように伝えていました（「ファーストペンギン」の解釈には諸説あります）。

そんなファーストペンギンのように、一人でもやる、という勇気を私は応援したいと思っています。

気を付けたいこと

こういった言葉は、あまりお説教っぽくならないように語りたいですね。何かあってから長々と語ると、お説教っぽくなってしまいがちです。

また、今は分からなくても、いつかその言葉の意味が分かり、その言葉で行動を起こす子や、その言葉に勇気をもらう子もいるかもしれません。そんなことを考えて、いつも言葉を贈っています。

ことギフト 15

子どもたちに贈りたいことば⑤

自分で決める
他人に決めてもらったら他人のせいにする
自分のせいにした方がおしゃれ

❤責任の所在

物事を決める基準が、自分軸でなく、他人軸になってしまう年頃があります。

「友達がやっているから」「友達がやっていないから」という理由で何かをやったりやらなかったりする、そんな時期は、誰にでもやってきます。

ただ、他人が決めたことだと、うまくいかなかったときに他人のせいにしてしまうかもしれません。

例えば、係を決めるときに、友達に合わせて係を決めた場合、何か嫌なことがあったときに「○○係になんてならなきゃよかった」などと思うかもしれません。

自分で決めたことなら、「まぁ、そういうこともあるよね。仕方ないか」と思うしかありませんよね。

「自分のせいにした方がおしゃれ」

この言葉の潔さと柔らかさが好きです。ただ、「自分のせい」と言っても自分をあまり責めないでほしいということも伝えます。自分のせいでも他人のせいでも「誰のせいでもない」という考え方が一番おしゃれかもしれませんね。

気を付けたいこと

友達の視線が気になったり、友達に合わせることが心地よかったりする時期は、多くの子にやってきます。その時期に、「自分で決める」ことを強いるのが最善というわけではありません。それでも、校外学習のグループ決めなどの前には「自分で決める」ことの大切さをさらっと伝えています。また、「自分で決めた友達の意志を尊重することも友達として大切なことだよ」ということも併せて伝えます。

ことギフト
16

揉めごとの後に贈ることば

大好きな人同士が喧嘩をしていたら、悲しい

♥「大好き」の力

「大好き」は、パワーワードの最たるもの、と思っています。
大好きだと言われてうれしくない人はいません。
大好きな人がけがをしたら悲しい。
大好きな人が悲しんでいたら悲しい。

先生は、みんなのことが大好き。
大好きな人と、大好きな人が喧嘩をしていたら、ものすごく悲しい。

この言葉は、きっと子どもたちの心にすとんと落ちていくはずです。

この言葉がすとんと落ちていくための、日々の小さな仕掛けや言葉かけ、見守りの積み重ねを大切にしたいですね。

こんなときに効果的

小さな揉めごとはあってよいと思っています。考えの違う人同士が、折り合いを付けながら生活しているのですから、揉めごとがあるのは当然です。揉めごとが一通りの解決を見た後に、しっとりと語りたい内容です。本音そのものです。

ちょっとひとこと

「大好き」は、口に出さなければ伝わりません。大好きだから悲しくなったり、虚しくなったり、頭にきたり、いろいろな気持ちに振り回されてしまうのです。言わなくても分かるはずと思わずに、口に出して伝えてみてください。言わなくても分かっていたとしても、言ってもらえたらきっとうれしい言葉に違いないです。

ことギフト
17

友達との関わりに関して贈ることば

陰口より、陽口（ひなたぐち）

学級を褒め言葉でいっぱいにする

陰口……本人がいないところで、悪口を言うこと。
陽口《ひなた》……本人がいないところで、褒めたり感謝したりすること。

人の悪いところを陰で言うことは簡単です。本人に言いにくいから、本人がいないところで言うのです。では、人のよいところは、いつ、どんな場面で伝えていますか。「すごいよね、計算が早いよね」など、本人に伝えることが多いのではないでしょうか。それももちろん素敵です。
「陽口」の考え方で言うと、「〇〇さんてね、跳び箱がすごくきれいに跳べるんだよ」などと本人がいないところでその人のよいところを話題にするということになります。とてもクールでかっこいい！　と思いませんか。それを聞いた子が本人に伝えたりして、素敵の連鎖ですよね。本人がいるところでも、いないところでも、友達のよいところを伝え合えば、学級は褒め言葉でいっぱいになります。

ちょっとひとこと

教師も、何かを褒めたいときに本人に伝えるだけでなく、本人がいないところで褒めると、それを周りで聞いていた子にも効果があります。

「○○さんは、本当に優しいよね。素敵だよね」と教師がまず「陽口」の手本を見せることで、学級の子どもたちの「陽口」も増えていくことでしょう。そして、**「陽口」は大人の世界（職員室）でも増やしていきたい**ですね。

ことギフト
18

友達との関わりを深めたいときに贈ることば①

（作品バッグに寄せ書き大作戦で、「ことば」を贈り合う）

♥年度末に、全員から、全員へ

年度末に、図工の作品などを一つにまとめて持ち帰るようにしている、という先生方におすすめしたいのが、言葉を贈り合うこちらの方法です。

私の場合、一枚の不織布バッグに作品を全て入れて持ち帰ることが多いのですが、ほかにも表紙を付けて一冊にまとめたり、箱型ケースに入れたりと、様々な方法があると思います。どの方法でも可能です。

まず、全員に好きな色のマジックペンを配布します。そして各自が自分の作品バッグ（作品冊子、作品箱でも）の中央に自分の名前を書いたら、準備完了です。教師はタイマーを一分にセットします。

「用意スタート！」の合図で、作品バッグを次の人に渡します（回す順番は座席の順と決めておくとよいでしょう）。

作品バッグが回ってきたら、その持ち主へ宛てたメッセージを一言書きます。真ん中に名前が書いてあるので、その子に向けて一言メッセージを書くわけです。タイマーが鳴ったら次の人に回します。これを一周するまで繰り返します。教師は一分タイマーをセットするだけですが、教師もその順番のどこかに入って、メッセージを書いてもよいでしょう。そうすることで、二十人なら二十分、三十人なら三十分で全員が全員に向けたメッセージを書くことができます。

あまり関わりがなかった子には書きにくいかもしれません。「一年間ありがとう」でもよいことを伝えます。「**そんな子はいないと思うけど、もらった子が傷付くようなことは書かないでね**」ということだけ約束します。

気を付けたいこと

こちらの活動は、作品集を持ち帰ると、お家の方にもとても喜ばれます。ただ、学級や学年の実態や発達段階に応じて実施するかどうかは慎重な判断が必要です。また、学年の先生と相談をして、ほかの学級との足並みもそろえるとよいですね。

ことギフト

19

友達との関わりを深めたいときに贈ることば②

(黒板に寄せ書き大作戦で「ことば」を贈り合う)

♥学期末に、全員で

学期始めなどに、黒板にイラストや文章を書いて子どもたちにメッセージを贈っている先生方も多いと思います。この実践を、学期末に、子どもたちの手でやってもらおう！　というのが、「黒板に寄せ書き大作戦」です。

学期末（できれば最終日）に、少し時間をとります。長くても十五分くらいが適当かなと思います。黒板にメッセージを書き合います。イラストを入れてもよいでしょう。子どもたちは黒板に書くのが大好きです。黒板を人数分分割しておけば、子どもたちが書くスペースがみんな同じ大きさになります。

何を書いてもよいですが、何を書いたらよいか分からない、という子もいると思うので、「一学期に一番楽しかったことを教えて」「先生にメッセージください」「クラスのみんなにメッセージ書いて」などと声かけをするとよいでしょう。

また、「そんな子はいないと思うけど、一応言っておくね」と前置きをした上で、「誰かが傷つくような文や絵は描かないようにしよう」と伝えておきます。

新学期までこの黒板をそのまま残しておけば、学期始めの黒板が完成です。そこに教師が少し付け足しをしてもよいですね。

「一学期、楽しいことがたくさんあったね、二学期も楽しいことをたくさんしようね」などと、学期始めの語りに使うこともできます。

実はこんなメリットも

例えば、一学期の最終日にこちらの実践をしたとします。夏休みにお家の方との個別面談が予定されている場合、この黒板をお家の方に見ていただくこともできます。自分の子どもだけでなく、クラスメートがどんなことを書いたかも見ることができ、学級の雰囲気を知ってもらう機会になります。

ことギフト
20

授業の中で贈りたいことば

学ぶは、真似ぶ(まねぶ)

♥「今」伝えたいことば

授業中にも、授業を止めてでも伝えたい言葉というのがあります。

もちろん、そんなことがしょっちゅうではいけないと思いますが、そのときだからこそ響く言葉というのがあると思いますし、授業を止めてでも伝えたい強い思いが先行することがあります。そんなときは、「今、伝えたいからちょっと話してもいい?」と尋ねて、授業を止めることもあります。

♥よいことはどんどんまねしていい

授業の中で、「旅に出てごらん」と言ってノートを持って友達と交流したり、図工の時間などには

「友達の作品をのぞき見しに行ってごらん」と教室を自由に歩かせたりすることがあります。「いいなと思うことはどんどんまねしていいのだよ」「まねされた人は、まねしたくなるほど素敵なアイデアだったと思ってね」と伝えます。

このような活動の前には、「学ぶ」の語源は「真似ぶ」という話をしておきます（諸説あります）。まねをすることは悪いことではなく、学びの第一歩だと伝えておきます。

気を付けたいこと

この言葉を伝えておくと、「〇〇さんが見てまねしてきます」と相談されることも減るでしょう。しかし、それでも図工の作品などでまるまる同じ、というのは好ましくありません。いいなと思うアイデアはまねしてもよいですが、作品をそのまま同じにすることではないよ、とあらかじめ伝えておくとトラブルを回避できるでしょう。

ことギフト
21

ノートに書いて贈りたいことば①

褒めたいとき

ここでは、漢字練習帳へのひとことコメントの例を紹介します。

「昨日より上手」
「お手本みたいな字」
「どんどん上手になるね」

♥「上手」にもバリエーションを

ノートに毎日コメントをすることはなかなか難しいので、一週間で全員分にコメントすることを目標にしています。それが励みになって頑張れる子がいる限り、コメントをしたいと思っています。

「上手」だけでももちろん喜んでもらえると思いますが、「昨日より上手」とすれば、成長を感じることができます。「お手本より上手」なんて最上級の褒め言葉ですよね。「今度、お手本作って」などと会話も広がるかもしれません。

時間があるときは「これ、何分かかったの!?」とか「超スーパーウルトラミラクル上手」など、少し長い文章でノートの隅を埋めると喜ばれます。

さらに時間にゆとりのあるときは、ノートの一番左端の上から下までコメントを書いた後に、横にまがって右へ書き続けることもあります。子どもたちは「先生、何これ〜」と言いながらも、長いコメントを読んでとっても喜んでくれます。

こんな方法もおすすめ

時間がない……でも伝えたい！　というときは、大きく「す」と一文字だけ書くこともあります。「先生、『す』ってなんですか」と聞かれます（100％聞かれます）。『すばらしい』と『すごい』と『素敵』の『す』だよ。上手で感動したから！　でも時間がなかったから省略しちゃった！」と、会話のきっかけにもなるので、意外とおすすめです（笑）。

ことギフト
22

ノートに書いて贈りたいことば②

励ましたいとき

「本気の字、待っています」

♥いつもいつも褒め言葉ばかりではない

褒めてあげたいけれど、褒めるところが見つからない……。もう少し頑張ってほしい！　というときも、正直ありますよね。

そんなときは、「もっと丁寧に」「丁寧に書きましょう」と書きたくなりますが、そこをぐっとこらえて、

「この字、本気？」

「この字、何%の字？」

などとちょっと挑発気味のコメントにしてみます（笑）。

「これは本気ではありません」

「この字は50%です」

などと意外と子どもたちは返事を書いてくれます。

そんなやりとりの中で、「本気の字、待っています」というのも効果的です。

お家の方も「ほら、先生も言っているよ〜」と共感してくださることが多いです。

こんな方法もおすすめ

それでもやっぱり、ちょっとでも褒めて伸ばしたいですよね。

「ノートの最初のページと比べて上手になったね」

「前のページより上手だね」

などと、少しでも褒めるところを見つけたいですね。

褒めるところがどうしても見つからないときは、このページを参照してください。

ことギフト
23

生活の中で贈りたいことば

気付き、考え、実行する
（日本赤十字社　青少年赤十字の態度目標）

♥全ては思いやり

例えばこんな場面があります。
①友達が泣いていることに気付いた（気付き）
②どうしよう……声をかけようかな？　聞いてみようかな？　と悩む（考える）
③「大丈夫？」と声をかける（実行する）
どこのステップまで進めるでしょうか？

まず、気付くことがとても大切なことです。学級の友達のことを気にかけている証拠です。そして見て見ぬふりをせずに、自分にできることを考えます。そして、考えた後に行動に移すことができれば、人を思う心が目に見える形になります。

落ちているごみを拾うことや、教科書を忘れた子に見せてあげることなども、全て同じです。**あらゆる行動の根底には、人を思う心が見えます。**

この話をしておくと、「ごみを拾ってくれたね、気付き考え実行することができたね、思いやりの心があるね」などと褒めることができます。行動のもととなる心を育てる言葉かけをしていきたいですね。

こんな声かけもおすすめ

「気付き」「考える」まではできても、「実行する」ことが難しい子もいます。行動に移すことができないと、目で見ることができません。でも、実際には行動に移すことができなくても「きっと考えたのだよね、どうしようかなって考えるところまでできれば、実行するまであと一歩だね」などと推測して励ますことも、時には必要かもしれません。最後の一歩をそっと後押ししたいときに。

ことギフト 24

長期休業前に贈りたいことば

（最後の一週間で、毎日一つずつ言葉のプレゼントを）

（例）
月曜日　すぐによく気が付いて、手伝いをしてくれたね、ありがとう
火曜日　男女仲良しで、誰とでも協力できたね
水曜日　気持ちのよい挨拶をしてくれたね、とってもうれしかったよ
木曜日　いつも笑顔で、どんなことにも前向きにチャレンジしていたのが素敵でした

❤四つの頭文字をつなぎ合わせると…

夏休みや冬休みの前には、いろいろと伝えておきたいことがありますよね。安全面に関わる連絡事項なども大切ですが、学級の成長を感じられるような言葉のギフトを贈りたいものです。最終日（終業式）にまとめて伝えてももちろんよいのですが、最後の一週間を使って、毎日一つず

つ子どもたちが頑張ってきたことや、学級の素敵なところを伝えてみませんか。

終業式が金曜日なら、月曜から木曜までの四日間を使って、右ページの（例）のように、四つのことを伝えることができます（「今日は何かな」と楽しみにしてくれる子も出てくるかもしれません）。

そうして金曜日。「今週は毎日一つずつみんなの素敵なところを伝えてきたけれど、覚えている？」などと振り返りをします。そして、振り返りをしながら、頭文字だけを黒板に書いていきます。前述の（例）では、「す」「だ」「き」「い」の四文字になります。「実はこの文字を並べ替えると、みんなに一番伝えたい言葉が隠れています！」と伝えれば…「だいすき」が隠れていることに、子どもたちはすぐに気付くでしょう。「あ～！大好きだ！」と、隠れた言葉を見つけたときの子どもたちの笑顔が浮かぶようです。

もちろん、必ずしも「だいすき」にする必要はなく、学級目標や学級通信のタイトル、教師の好きな言葉でもよいですね。金曜日も入れれば五文字になるので、「なつやすみ」というのもありです！

こんな学級に育てたい

長期休業前の子どもたちは気持ちがふわふわしがちです。教師は、そんな子どもたちの気持ちも受け止めつつ、しっとりと語る時間をつくり、温かい気持ちで長期休業を迎えられるとよいですね。

ことギフト
25

年度末に贈りたいことば

人は長所で尊敬されて、短所で愛される（ひすいこうたろう）

♥あなたはそのままでいい

長所ってなんでしょう？（今書きながら考えています）。

足が速いとか、字が上手とか、計算が得意とかピアノを弾けるとか……。そういった技術的なことがついつい浮かんでしまいます。

では、短所はどんなことですか。「行動が遅い」「短気」など性格的なことが浮かんできませんか。

そこをちょっと変換して考えてみましょう。

「行動が遅い」なら、「のんびりしている」

「短気」なら、「すぐ熱くなる」

そうすると、愛されポイントが浮かんできませんか。

「行動が遅い」→「のんびりしている」→「もう〜○○さんはいつものんびりなんだから〜」

「短気」→「すぐ熱くなる」→「ほらほら、そんなに熱くならないの」

このように、「短所」と思われるところも周りの人に理解され、時にツッコミを入れられ、フォローしてもらいながらみんなに愛される、そんな大人になってほしいと願っています。

できないこと、苦手なこと、よくないと自覚する部分があってよいのです。そこをフォローし合って生きていけばよいのです。「迷惑をかけて申し訳ない」と思うかもしれませんが、「おかげさま」の精神で、生きていきたいですね。私たち大人も然りです。未完成だから、人生は楽しい。

こんな声かけもおすすめ

「人生で大切なのは、ＩＱか？　愛嬌か？」などという言葉も聞いたことがあります。

そんな究極の二択の正解は分かりませんが、短所と自覚してしまう部分もみんなに理解され、フォローしてもらえる愛嬌を身に付けておくと、人生はきっともっと楽に、きっともっと楽しくなります。

ことギフト 26

卒業アルバムで贈りたいことば①

神聖な好奇心を失ってはならない　（アインシュタイン）

♥人生を楽しくする言葉を

卒業シーズンになると、卒業アルバムへメッセージを書いたり寄せ書きに一言書いたりする機会があります。そんなときに贈ることができる、お気に入りの言葉をもっていると素敵ですね。

私は、各学年の理科を担当していた時期には、アインシュタインの言葉をよく伝えていました。「大切なのは、疑問をもち続けることだ。神聖な好奇心を失ってはならない」という名言です。どんな学習においても、自分で疑問を抱くことが学習のはじまりです。好奇心をもち続けることは、人生を楽しくすることにつながります。

いくつになっても人生を楽しんでほしい、という願いを込めてこの言葉を贈っています。

こんな言葉もおすすめ

アインシュタインの名言は、ほかにもあります。

挫折を経験したことがない者は、何も新しいことに挑戦したことがないということだ。

学べば学ぶほど、自分がどれだけ無知であるか思い知らされる。
自分の無知に気付けば気付くほど、より一層学びたくなる。

このような偉人による名言は、インターネット上でたくさん見つけることができます。これらを参照する場合、子どもたちに贈る言葉は「私らしいもの」「私と子どもたちの関係性だから通じ合うもの」「子どもたちの実態に合っていて心に響きそうなもの」を選びたいと思っています。

ことギフト
27

卒業アルバムで贈りたいことば②

人は、人を喜ばせることが一番うれしい（やなせたかし）

人生をより輝かせるために

お花屋さんやケーキ屋さんに行くとき、なんとなく満ち足りた気持ちになりませんか。誰かのために（自分のためでも）お花を買ったり、誰かの記念日を祝うために（もしくは何かのご褒美で）ケーキを買ったりするとき、不思議と幸せな気持ちになります。

贈る相手が喜んでくれるかな、などと想像しながらプレゼントを選ぶときも同じです。サプライズを計画するのが好きな人もいるでしょう。

誰かを喜ばせたい、人の役に立ちたい、大切な人に幸せになってほしい。そんな思いでものを買ったり贈ったりするとき、贈る側もまた幸せな気持ちになります。やなせたかしさんのこの言葉は、そんな優しく、温かい気持ちを教えてくれます。
誰かを幸せにすることは、自分の幸せでもある。
そんな豊かで、幸せな人生を歩んでほしい、と願いを込めて。

教師として大切にしていること

私が教師として大切にしていることは、次の二点です。

①子どもが将来大人になった姿をイメージすること

②憧れられる大人でいること

子どもでいる時間よりも、大人になってからの時間の方が長いです。子どもたちには、生涯にわたって幸せな人生を歩んでほしい、というのが私の願いです。そのために、大人になってからも必要な力は何か、というのをイメージして、日々子どもたちと向き合い、身に付けてほしいことや大切にしていってほしいことなどを伝えています。これが私の学級経営の軸となっています。

そして、大人として憧れるような人で在りたいとも思っています。毎日会う身近な大人への憧れが、将来への希望とつながるように。

全ての子どもたちに、幸せな人生を。

ことギフト 28

かたちにして贈ることば

（学期末に一人一人にメッセージカードを贈る）

♥通知表よりも、より自由に、より思いを込めて

通知表の所見欄では、学習の様子と生活の様子について、評価の内容と整合性がとれるように書くことが多いかと思います。

また、限られたスペースの中で端的に表現しないといけないので、思いを込め足りないと思うことがよくあります（さらに、校内で読み合いをして、あまり癖が強いと修正されることも……）。

そんなときは、カードなどにメッセージを書いて、通知表に添えて渡してみませんか。通知表に書ききれなかったその子の頑張り（評価項目には反映されないような小さなことでも）、教師から見たその子の素敵なところなど、思いのままに綴ります。

「いつもお手伝いをしてくれてありがとう」

「○○のとき、○○してくれたこと忘れないよ」

「○○な○○さんが、大好きだよ」

などと、いつも一番近くで日常を共に過ごしてきた先生だけが知っていることや伝えたい思いを、通知表よりももっと自由に形にしてみませんか。

一筆箋や便箋に書いてもよいですし、かわいらしいミニカードなどに書いて特別感を出せば、子どもたちの宝物となるでしょう。

コラム 04

叱る？ 語る？

強い口調で叱るのは、「頓服」のようなものです。即効性があるので、危険なことをしていたりして、今すぐその行動を止めたいというときに使います。ただ、頓服はあくまでも一時的なもので、根本的な治療ではないと考えています。

語りは、「漢方薬」のようなものです。即効性はなくても、長く使い続けることでじわじわと効いてきて、体質改善をしていくことが期待できます。

どちらがよいということでなく、この二つを使い分けることが大切なのでは、と思うようになりました。できることならば、どちらもポケットに忍ばせておき、（さらに「諭す」「伝える」「戒める」なども含めて）用途に合わせて使い分けたいと思っています。

ちなみに、私は叱ります。「先生が叱るとき」を示しておくのは、頓服を使うのはこのときだけと決めているからです。自分への足枷として示している、というのはこのことです。

叱ることについては、いろいろな議論があります。いろいろな議論があってよいと思っています。子どもたちの前に立つ教師一人一人が自分の考えをもっていることが大切です。

ことバンク

どんなときでもすぐに使えるポジティブことばの引き出しを増やしたい！

そんな先生のために、子どもも先生もハッピーになれるポジティブことばをあいうえお順に一覧でまとめました。

ぜひ、参考にしてください♪

あ
- ありがとう
- あいさつ名人
- あなたにしかできない！
- アイデアマンだね

い
- いい姿勢で聞いてくれているね
- いつも〇〇できているね
- いいね～
- いつの間に!?

う
- 美しい文字！
- うれしい～
- うそ～信じられない！

え
- 笑顔が素敵
- 選ばれた人にしかできない
- え～！（びっくり）
- エネルギッシュ！

お
- 思いやりがあるね
- おぉ～
- 面白い発想
- お手本みたいだね
- 〇〇王者

か
- かっこいいぞ
- かしこいな～
- 感動した！
- 輝いているよ
- 完璧だね～

き
- 聞き上手
- きらきらしてる
- きっとできるよ
- きれい好きだね
- 君ならできる

く
- クラスを明るくしてくれてるね
- グッド！
- 比べものにならない

け
- 元気いっぱいだね
- 軽快だね～
- 計画的だね

こ
- 心がこもっているね
- コツコツ頑張っているね

さ

- さすがだね
- 最高級

し

- 信じられない！
- 知らなかった
- 衝撃的！
- 〇〇上手

す

- 素晴らしい
- すてき
- 素直だね
- すごすぎる！
- スーパーだね！

せ

- 正解!!
- 背筋が伸びているね
- センスがあるね

そ

- そうだね
- その通り
- 尊敬しちゃう
- そんなことも知っているの

た

- 楽しんでいるね
- たくましいぞ！
- 誰よりも〇〇だね
- 頼りになるね！
- たのもしい～

ち

- ちゃんと聞いてくれるね
- チームワークがいいね
- チャレンジしたね

つ

- つくづく立派！
- ついつい褒めちゃうわ～

て

- 丁寧だね
- てきぱきしてる
- できているよ～

と

- どうしてそんな素敵なことできるの
- とっても〇〇
- どうやったの？
- 努力が見えるね

な

- なんでもよくやるね
- 何でも知ってるね
- ナイス！

に

- にこにこしていていいね
- 似合ってる～

ぬ

- ぬくもりを感じるね～
- ぬかりないね～

ね

- 粘り強く頑張っているね
- 熱心だね
- 熱中しているね

の

- ノリノリだね～!!
- のびのび表現しているね

は
- はきはきしてるね
- はりきってるね
- 華やか～
- 働き者
- ○○博士

ひ
- 光ってる☆
- 一人でやったの？
- びっくり～！
- ヒーロー！

ふ
- ファンタスティック!!
- ファイトがあるね
- ファーストペンギン

へ
- へこたれないね
- ベリベリグッド

ほ
- 褒めずにはいられない！
- 本当に○○だね

ま
- 真心が見えるね
- 毎日○○しているね
- まさか……じゃないよね？

み
- みんなの憧れだね
- みんなに愛されているね
- ミラクル！

む
- 難しい問題もあきらめないね
- ムードメーカー
- 夢中になっているね

め
- 目からウロコ！
- ○○名人！

も
- もうできたの?!
- もりあげ上手

や
- 優しいね
- やっぱり○○だね
- やりきったね
- やればできる

ゆ
- 愉快だね
- ユニークだね
- ユーモアがあるね
- 勇気があるね

よ
- 陽気だね
- よく頑張っているね
- よく気付いたね

ら	・ラッキーマンだね ・楽勝だね ・○○らしいね
り	・立派！ ・リーダーシップがあるね
る	・ほれる〜！ ・やる〜！
れ	・レベルアップしたぞ〜 ・レベル高いね！ ・礼儀正しいね
ろ	・ロマンティック
わ	・ワンダフル!! ・わーお！（びっくり）
を	
ん	

おわりに

デジタルの時代、ＡＩが活躍する時代になりました。

店頭でご挨拶をしてくれる可愛らしいロボットに癒されたり、困ったことがあればチャットＧＰＴにアイデアをもらったり。

人にしかできないことはこれからどんどん少なくなるかもしれません。


ですが、人だからこそできることもまたきっとあると思っています。

厳密にいえば、「あなた」だからこそできることが。

教室で目の前の子どもたちの心に届ける「ことば」を使う「あなた」にしかできないこと。


「あなた」が言うから伝わる「ことば」

「あなた」との関係性があるからこそ伝わる「ことば」

「あなた」のキャラクターだからこそ伝わる「ことば」

「あなた」だからこそ、子どもの心に届けられる「ことば」

声のトーンや、間の取り方、視線、話し方から伝わる人柄、温かさ。

「あなた」にしかできないことがたくさんあります。

あなたは気付いていないかもしれないけれど、子どもたちは気付いています。

あなたにしかできないやり方で、どうぞ、教室が温かくやわらかい場所でありますように。


終わりに、こちらの本を出版するにあたりお世話になった東洋館出版社の佐々木美憂さん、私のような平々凡々な教員の言葉をまとめていただき、ありがとうございます。

そしていつも近くにいる子どもたち、温かく見守ってくださる保護者のみなさま、全国津々浦々教員仲間のみなさま、いつも元気をもらっています。ありがとうございます。


みなさんが幸せでありますように。

そして教室に、あなたの周りに、幸せな言葉がこだましますように。

愛をこめて
金子　真弓

著者紹介

金子真弓（かねこ・まゆみ）

群馬県生まれ。東京学芸大学教育学部を卒業後、結婚を機に静岡県へ。現在は静岡県の小学校教諭として勤務。好きな教科は図工と道徳。著書に『クラスの子が前向きに育つ！対話型叱り方』2022年2月分担執筆、『映える！&すぐ作れる♡ 教室で役立つほめられアイテム』2023年3月、『クラスみんなが成長する！対応上手な先生の3つの言葉かけ』2023年10月分担執筆（いずれも学陽書房）、『イラストで見る 全活動・全行事の学級経営のすべて 小学校6年』2023年3月分担執筆（東洋館出版社）などがある。Instagramでは繭先生（@nico.e.school）として、授業づくりや学級経営に関する考えやアイデアを発信し続けている。

先生のための
ポジティブことば手帖

2024年（令和6年）3月3日　初版第1刷発行

著　者　金子真弓
発行者　錦織圭之介
発行所　株式会社東洋館出版社
〒101-0054　東京都千代田区神田錦町2丁目9番1号
コンフォール安田ビル2階
代　表　電話 03-6778-4343　FAX 03-5281-8091
営業部　電話 03-6778-7278　FAX 03-5281-8092
振　替　00180-7-96823
URL　https://www.toyokan.co.jp

装丁・本文デザイン：etokumi 藤塚尚子
イラスト：kikii クリモト
印刷・製本：岩岡印刷株式会社

ISBN978-4-491-05424-7　Printede in Japan